跡取り娘の経営学

白河桃子
Touko Shirakawa

まえがき

〝跡取り娘〟がニッポンを再生する！

いま、大企業から中小企業、商店にいたるまで、あらゆるオーナー経営者が、自らの後継者探しに苦労しています。

早い話、「跡取り」を誰にするかで悩んでいるのです。

息子や娘婿を跡取りにすればいいじゃないか、という意見もあるでしょう。けれども高度成長期ならばいざしらず、落語に出てくる呑気な二代目三代目の〝若旦那〟では、もはや「跡取り」は務まりません。なぜならば、企業を取り巻く環境が激変し、「親の仕事を忠実に継ぐ」だけでは、もはや経営が立ち行かない時代になったからです。

全国で後継者育成塾を主催する関満博教授（一橋大学大学院）は著書『二代目経営塾』にこう記

しています。

「大きな構造変化に直面している現在、〝父の世代〟の作り上げてきた〝事業〟の多くは時代遅れになっている場合が少なくない」

ゆえに、跡取りたちには、「第二の創業」を担う、起業家精神が必要なのです。じゃあ、そんな才覚のある二代目が、親の仕事を継ぐでしょうか？

ある二代目男性経営者は自嘲的にこう言います。

「よそでやれる才覚がある人間ならば、親の会社によほどの魅力がない限り、跡取りにはなりたくない、というのが本音でしょう。海外でＭＢＡをとって、有望な企業で働いたり、いっそ自分で起業したほうがずっといいですよね」

日本企業の８割が戦後生まれと聞きます。そんな日本企業社会において、創業者のあとを継いでくれる人材がいない、というのは、そのまま日本経済の死を意味します。

けれども、ご安心ください。

とってもタフで、かなり向こう見ずで、少々わがままで、美的センスに優れ、そのうえ母性本能あふれる跡取りがいま、日本に続々と登場し始めているからです。

それが、跡取り娘、です。

これまで、跡取りに娘を、というのは、日本の企業社会においては少数派でした。なぜでしょう？　継がせる側の理由を列挙すると……。

娘に継がせるつもりはなかったから、家業と関係ない道にすすませていた。
お気楽に遊んでばかりで、経営者教育もされていない。
わがままで、まじめに家業を継いでくれそうにない。
女がトップだと、古株社員を含め、従業員がついてこない。
そもそも、女に社長が務まるわけがない。
だいたい、可愛い娘に経営の苦労なんかさせたくない。

——フェミニストが見たら激怒しそうな「理由」ばかりですが、実際のところ、日本のオーナー企業で女性経営者が目立たなかったのは、こうした古い「常識」に、彼女たちの親の世代である経営者たちがとらわれていたからでしょう。

けれども、高度成長期がとっくに終わり、バブル崩壊から十数年がたち、大企業がつぶれ、ＩＴブームが起き、という具合に、会社をとりまく経営環境が激変するなか、彼女たちの「跡取りに向かない理由」こそは逆に、「跡取りにうってつけの理由」に変わっていったのです。

実際、取材をしてみると、跡取り娘たちが跡取りにおさまるまでの波乱万丈のストーリーには驚くことばかりです。息子がいても娘のほうが跡を継いでいる、というケースも珍しくありません。家業を嫌って出て行ったり、先代と対立したり、という「跡取り息子」の話を聞く一方で、取材で出会った「跡取り娘」たちは、息子たちが敬遠するほどの一見大変な道を選びながらも、実に生き生きとしています。

彼女たちが跡を継いだ企業の中には、先細りの見えた伝統産業や赤字会社もありました。にもかかわらず、彼女たちはポジティブに家業の経営に邁進し、成功の果実を手にしています。いったいなぜでしょうか?

そもそも彼女たちは、跡取り息子たちと違い、当初まったく跡取りとして期待されていなかった。この点が、実は大きな強みになっています。

生まれながらに跡取りのプレッシャーを受け、それに反発しつつも、大手取引先や銀行に縁故入社し、つかの間の自由を謳歌した後、家業に戻る、跡取り息子たち。

私自身、大学時代の同級生にはそんな「跡取り息子」たちが数多くいました。彼らが跡を継ぐ瞬間を眺めていると、「これから経営者になるのだ」という喜びを享受するというよりは、「ついに来たか……」と責任を負う覚悟を決め、重い足取りで家業にもどっていく、というケースが実に多い。

そんなプレッシャーを感じて育ってきた跡取り息子たちと異なり、跡取り娘の大半は、最初から跡取りとしてみなされていなかった。そこが息子たちとの大きな違いでした。

「家業を継ぐ」というプレッシャーを感じずに育ってきた娘たちはのびのびと外の世界に飛び出していきます。学生生活を謳歌し、趣味を満喫し、大手企業のキャリアウーマンやＯＬになったり、海外留学したり、あるいはお嫁さんになったり……。

そんな「わがままなお嬢さん」たちが、ひょんなことから「跡取り」の座につくと、あら不思議。親の代で傾いた赤字会社を軽やかにＶ字回復させたり、バブル時代に手を広げすぎた商売を手堅く整理したり、小さな「改善」を積み重ねて売り上げをアップさせ、新しい商品を開発して世界に打って出たり。あっと驚く大活躍をするのです。

なぜでしょうか。

家業というのは、いいかえれば「ブランド」です。そして、「跡取り」の役目とは、創業者や先代がつくりあげ、育ててきた「ブランド」を、時代に合ったかたちで継承し、発展させることにあります。

口でいうのはやさしいですが、実行するのはとても難しい仕事です。

多くの跡取り息子たちが、「家業」という「ブランド」の継承に失敗し、没落していきました。親のつくったブランドにこだわりすぎ、時代に合ったかたちで継承できなかったケースもあれば、逆に、親のつくったブランドを全否定して、時代に迎合した結果、継承できなかったケースもあります。

そう、ブランドの継承は実に難しい。先代がつくりあげたブランドイメージを生かしながら、新しい時代にあったかたちにつくりかえていく。この一見矛盾したふたつの課題を同時に解決しなければならないのですから。

が、その困難な仕事を、紆余曲折はありながら、成功しているのが、本書でとりあげた「跡取り娘」たちなのです。

豊かに、自由に、わがままいっぱいに育った彼女たちこそは、代々続く家業を継承し、新しい時代に合ったかたちで発展させるのにうってつけの人材、すなわち「ブランドビジネス」の巧者たちなのです。

ブランドを継ぎ、守り、育て、発展させられる彼女たちのブランド経営力を、「跡取り娘力」と名づけましょう。

では、その跡取り娘力とは？

本書を読めば、わかります。

白河　桃子

第一章

産業再生跡取り娘

産業再生機構が誕生したのは、2003年。民間の産業再生会社も数多く誕生し、産業再生ビジネスは活況である。

跡取り娘たちの物語を数多く取材していると、「これも立派な産業再生物語だ」と感じることが多い。経営には素人同然の彼女たち。OL経験だけの人も、また会社で働いたことがない人もいる。なぜ専門家顔負けの再生を成し遂げることができるのか？

そんな疑問に、M&Aの専門家、GCAサヴィアングループ株式会社取締役の佐山展夫氏は、こう答えてくれた。

「それは必死さが違うのです。人間、必死になった人が一番強い」

傾きかけたホッピーブランドを復活

酒造業3代目

ホッピービバレッジ　取締役副社長
石渡《いしわたり》 美奈《みな》さん

１９６８年、東京生まれ。１９９０年立教大学卒業後、日清製粉に入社。広告代理店を経て、１９９７年に祖父が創業した会社、ホッピービバレッジに入社し、広告営業企画を担当。１９９９年公式ウェブサイトを立ち上げ、日記も書き始める。２００３年５月から副社長に。２００７年に『社長が変われば会社は変わる！』（阪急コミュニケーションズ）を上梓。

「社長夫人」になるはずが、自ら経営者に

「ホッピー」というと、何を思い浮かべるだろうか？　関東圏の人なら、居酒屋や流行の立ち飲み屋の前に「ホッピー」と書いたちょうちんやノボリがあるのを見たことがあるはずだ。「焼酎を割る安いビール風飲料」「オヤジの飲み物」「レトロな感じ」……。そんなイメージを持っているかもしれない。

しかし、ホッピーのロゴが踊るノボリをよく見ると「低カロリー、低糖質、プリン体ゼロ」の文字も入っている。低アルコールでヘルシーな飲み物として、いまやホッピーは30～40代に大人気だ。

ホッピーの歴史は、石渡美奈さんの祖父が戦後間もなく長野県で良質なホップを手に入れたことから始まる。焼酎を割る低アルコールのビール風飲料、高価なビールに代わる安価なメニューとして、居酒屋ではおなじみとなった。しかしその後、ビール会社の追随や酎ハイブームの煽りを受け、ホッピーは「忘れられたブランド」になりかけた時期もあった。

一度は8億円台におちこんだホッピーブランドを、5年間で3倍の売り上げに導き、07年3月期には23億円まで見事復活させたのが、社長の一人娘であり副社長の石渡美奈さんなのだ。

「おはようございます！」。赤坂にあるホッピービバレッジのオフィスを訪れると、社員たちが大

きな声で挨拶をしてくれる。午前中の訪問だったが、始業時に社員が一斉にオフィスの掃除に取り組んでいることに、まず驚いた。それも、まるで年末の大掃除のような徹底的な掃除ぶりだ。

「お掃除は毎朝なんですか?」。石渡さんにまず尋ねてみた。

「そうです。毎朝の環境整備が今年の重点方針。形から入って、心に至るんですよ」

ホッピーの〝看板娘〟、石渡さんはハキハキと答える。

「『社員が心をひとつにして』と言うだけでは、なかなか実現できないでしょう? 単純作業を皆で繰り返すことで、心をひとつにして戦えるようになるんです。1年間見なかった書類は捨てる、無駄な仕事はやらないようにする、というのも環境整備です。うちは小さな会社で体力も限られていますから、存続のためには必要なことなのです」

よどみなく語る石渡さんには「会社を守る」という強い意志が感じられる。

07年9月に出版した自らのブランド再生物語をつづった本『社長が変われば会社は変わる!』は2万2000部の大ヒット中だ。

07年11月12月と過去最高の売り上げを記録している。本が起爆剤になったのだ。「でも売り上げが上がって励みになるというよりも、正直、社員には結構つらい状況です。だって、昨日と今日で、出荷が1・5倍も違うんですから。製造が間に合わず、そのフォローに営業が走り回る。今は『つらいけれど、みんなで乗り越えてがんばろう』という状況なんです」

9月の出版以来、ホッピーは急成長の途上というわけなのだ。正直、話を聞くまで、経営者が本を出すことが、そこまでダイレクトに売り上げにつながるとは思っていなかった。しかし石渡さんは、

「いえいえ、本が業績につながるのではなく、ぜったい業績に反映させようと方針を決めてやったんです」

と言う。

「業績につながらなければ、ただの道楽です。売り上げに効果があるよう、ホッピーをみなさんに理解して愛していただけるように書きました」

目標は5万部だ。出版社の営業と一緒に50店舗の書店を回った。さらにその三分の二を、自分でもう一回営業に回った。社員も書店にいってもらった。普通、著者はここまで書店周りをしないので、かなり珍しいケースだ。しかも「XX月号のOggiに載ります」など、こまめに情報を伝える。そういうときに店頭に目立つように並べてもらうのだ。書店が売りやすいように、営業のツボを心得ての書店周りだ。多くの本を出している出版社任せでは、ここまでのフォローは難しい。

自ら営業をかけることで、本も売れるし、本を買った人がホッピーを飲んでみようという気になる。マスコミにのることで広告宣伝効果も計り知れない。その努力は確実にホッピーの売り上げにつながっている。

しかし、2代目社長の一人娘である石渡さんは、最初から跡取りとしての自覚はあったのだろうか？

「小さい頃から、会社を継ぐ〝婿〟を見つけるのが娘の役目だと思っていました。自分の夫に跡を継いでもらい、私は事務でもやろうかと……。ボーイフレンドとつき合う時も、常に『この人は次男だからＯＫ』といった目で見ていました。今思えば、申し訳ないことをしたなあ、と……」

その石渡さんが会社を継ぐことになろうとは、「本当に、人間、自分のことはわからないものですねえ」と笑う。

石渡さんはバブルの頂点の時期、１９９０年に立教大学を卒業。入社した日清製粉の人事部で一般職として働き、ＯＬ生活を謳歌して１９９３年に〝寿退社〟。これは、当時のＯＬたちの花の王道でもあったのだ。

「次男で優秀で、条件ばっちりの婿を見つけて退社。絵に描いたようなコースだったんですよ。でも半年で、私が壊してしまった……」

結婚に関するお互いの価値観が合わず、結婚してわずか半年で離婚することになる。

思えば結婚式の前から、危機の兆候はあったという。会社を辞め、式を半年後に控えた頃、石渡さんは「社会の中に居場所のない自分」に耐えられなくなり、広告代理店でアルバイトを始めたのだ。

のんびり花嫁修業などしていられない性格なのか、広告代理店では営業アシスタントとして夜遅くまでのフルタイム勤務をこなした。バブル時の代理店だからさぞや意気軒昂で、イキイキと働けたのだろう。おとなしく〝未来の社長夫人コース〟に乗り切れない何かを、代理店の仕事は石渡さんの中で揺り起こしてしまったらしい。

「まさか、自分の人生に〝離婚〟という汚点がつくとは思ってもみなかった。けれど、起こしてしまったことは仕方がない。小さい頃から思い抱いていた、〝お嬢様路線〟とは違う人生を歩みそうな自分に気がついたんです」

「どうする、自分?」と自らに問いかけた石渡さん。とにかく仕事を見つけようと頑張った。王道と思っていた道が崩れ、初めて働くことに正面から向き合ったのだ。

しかし1990年を頂点に、バブルは崩壊の道をたどりだしたばかり。代理店のアルバイトを続けながら正社員の道を模索したが、内定はゼロ。女性向けのウェブサイトやコンビニ会社などさまざまな会社を受けたが、文学部卒、一般職で社会人経験3年の女性に門戸を開く企業はなかった。

広告代理店で営業を任され、仕事に目覚める

「諦めて、働いていた代理店の仕事に腰をすえて取り掛かり始めたら、転機が来ました。営業として、いくつかのクライアントを任せてもらえるようになったのです。最初の会社には、社会人とし

ての振る舞いなどの基礎を作ってくれたことに感謝していますが、仕事の仕方に関してはあくまで〝女の子〟扱いでした。代理店で初めて営業を任されて、『仕事って面白いじゃない』と目覚めたんです」

同じ頃、父の会社に対してピンとくるものを感じたという石渡さん。それは、ビールがきっかけだった。1995年に地ビール製造の規制緩和があり、ホッピーも全国で5番目に免許を取得したのだ。それまでホッピーには興味がなかったが、父の会社もビールを作るのだと初めて家業に目を向けた。

「跡取りとして会社に入りたい」。そう宣言した石渡さんに父親は大反対。27歳の時だ。

「今なら、父が反対した理由はわかります。当時会社の業績がよくなかったので、経営者としてやっていくのは女では無理だと思ったのでしょう。それに、当時の私の仕事のやり方では、親も納得しなかったと思います」

広告代理店で夜遅くまで働いていた石渡さんだが、昔かたぎの製造業の父親には、広告業界自体がなにやら胡散臭い「虚業」と感じられたのだろう。娘が派手に飛び回っているとしか見えなかったようだ。そこで石渡さんは、まず父が納得するような〝手堅い企業〟東京ガスで働き、母親を味方につけて時期を待った。

1997年、母娘の説得が功を奏し、晴れてホッピーに入社。しかし跡取り娘を待ち受けていたのは、試練の道であった。

「いわゆる同族企業で古い体質の会社に飛び込んだ私は、全く歓迎されなかった。古参の役員が幅を利かせ、既得権を守ることに必死で、新しいこと、変わることをしない会社でした。会議は〝井戸端会議〟だし、社長の意向も反映されず、組織としてもおかしい。いろいろなことが、何か変だと感じました」

28歳の女性の目から見て、納得のいかないことばかり。自分の会社は、今まで経験した「大手メーカー」や「広告代理店」とはまったく違うことにまず驚いた。

また自分は、これからホッピーのメインコンシューマーになってもらわねばならない世代と同じ年だ。その自分にとって、当時のホッピーはなんとも古臭く、ダサく、何も響くものがなかった。さらには酎ハイブームで、ホッピーはピンチに陥っていた。

「このままでは、売れない」と、石渡さんは意気込んで商品開発に着手。しぶる役員を説得して予算を取り、マーケティング調査を行った。広告代理店時代のコネやノウハウをフルに使い、ダサいホッピーとは全く趣を変えたスタイリッシュな「ホッピーハイ」という新商品を売り出す。

「でも、これが大失敗。1000万円の損失を出しました。失敗の原因は、社内の協力が得られなかったことです。いっぱしの代理店営業ぶって、利いたふうな意見を押し通そうとする私を、誰もが忌々しいヤツという目で見ていました。もうひとつの原因は、ロゴが変わったことでホッピーの姉妹商品として認知されなかったことです」

この失敗で石渡さんが学んだのは、「変えていいものといけないものがあるのだ」ということ。新しいホッピーを模索することを焦るあまり、そこを誤ってしまったのだ。

「伝統とは革新の連続ですが、大切なのは『温故創新』という精神。古きをあたため、新しきを〝創造〟することなのです」

この失敗で、社内での立場はますます悪くなる。当時の石渡さんは、毎日出社しても事実上無視されていたという。そんな立場でも、

「この会社に入って、辞めたいと思ったことは一度もありません。なぜなら自分で初めて選んで、納得して入った場所だから」

「自分探し」をしながらさまよっていた、20代の頃。あちこちに頭をぶつけつつ、紆余曲折の末にたどり着いたホッピー。だからこそ、入社してから何があっても「ずっとハッピー」なのだと明るく笑う。

「ただ、当時は自分からも周りとコミュニケーションを取らずに、孤立していました。ホッピーをもっと宣伝する仕事もしたかったのですが、50代の社員が多く、小娘である私の言うことなど誰も聞いてくれません。そこで思いついたのがウェブサイトでの発信でした」

ネットでの情報発信がきっかけでV字回復に

97年当時、「ホッピーを買いたいがどこで買ったらよいかわからない」というお客様からの問い合わせが多かった。一方で「ホッピーでハッピー党」という勝手連的ファンクラブができてネット上で情報交換をしていることを知る。そこでインターネットで売ったらどうか、と気づいたのだ。「思い立ったらすぐ実行」が身上の石渡さん。早速eビジネスのスクールに通い、ホームページの作成を学んだ。社内の男性は皆、パソコンと聞いただけで蕁麻疹が出るような世代ばかり。石渡さんがやっと見つけた自分だけの場所は、パソコンとインターネットの中にあったのだ。

「自社のホームページを立ち上げて情報発信する。これは社内でも、私にしかできない仕事です。私自身もネットで『ホッピーミーナ』と名乗り、3代目跡取り修行日記を書き始めました」

「ホッピーミーナ」の日記は、人気ランキングで上位を占めるようになった。ブログの走りのようなものだ。書き続けるとアクセス数が落ちないと知り、毎日まめに更新した。ネットショップも立ち上げた。インターネットでの発信は、確実にV字回復のきっかけとなったのだ。

「ネットで見て、マスコミが取材に来てくれるようになりました。２００３年にテレビの報道番組で8分間取り上げられ、ある番組では30分ホッピーの特集をしてくれた。広告宣伝費はあまりかけられませんが、毎日ウェブを更新するという積み重ねでやっと注目されるようになったのです。認知度が上がると同時に、業績も好転し始めました」

そんな石渡さんに対する周囲の反応はどうだったのだろう？

「当時父には、毎日パソコンで遊んでいると思われていました」

と石渡さんは笑いながら振り返る。

「後になって父から、『あの時インターネットをやっていなかったら、会社はつぶれていたと思う。遊んでいると思っていて悪かった』と言われたのです。この時、初めて〝社長〟に褒められましたね」

しかし社内の目は相変わらず冷たく、新規市場開拓や社内制度改革には手がつけられない。改善しようにも内部の反発が強く、動けない。会社は「おじいちゃんの資産」をどんどん食い潰していく状況にあったのだ。

２００３年、ホッピー創業55周年の年に、石渡さんの働きぶりをずっと見ていた父が「次のバトンはお前に渡すと決めた。これからはお前のやりたいようにやりなさい」と、事実上の経営を任せてくれた。石渡さんは正式に３代目として、本腰を入れて会社の改革に乗り出すことになる。

人事刷新で組織を改革
常に変化し成長する会社に

２００３年、入社6年目にホッピービバレッジ3代目として経営にたずさわることになった石渡さんの経営戦略とは、どのようなものだったのか。

すでにネットを使って、ホッピーの認知度を上げることには成功した。ホッピーのネットショップ、取扱店の紹介、おいしい飲み方や新しい飲み方の提案など、ウェブサイトの情報はどんどん充実し、新たなファン層獲得の確かな要因となっていく。

また広告宣伝費を潤沢にかけられないため、物流会社と提携して、車体全面にカラフルでポップなホッピーのイラストを描いたトラック、「ホピトラ」を街に走らせた。

ホッピーの認知度を上げ、新たな顧客層を開拓するために石渡さんが奮闘していた頃、こんな追い風も吹いた。

1つは「レトロ」ブームの訪れだ。２００３年頃から、昭和30年代を模したミニテーマパークやイベントスペースが次々に誕生した。来場者たちは、昭和30年代をリアルに懐かしむ層ではなく、自分たちの知らない昭和を新鮮に感じる20～30代である。このブームに乗って、ホッピーは「忘れられたブランド」から、新たなファン層に「レトロな雰囲気の飲み物」「ダサいけど、ちょっとか

自著をプリントしたホッピー

“ホピトラ”の模型

わいい飲み物」と認識されるようになる。

そしてもう1つは、健康志向。ホッピーはもともと「低カロリー、低糖質、プリン体ゼロ」の飲料である。以前はこのことをあえて宣伝していなかった。しかし、「ホッピーが健康にいい飲み物だということを、実はお客様に教えてもらったのです」と石渡さんは言う。

ビールはプリン体が多いことで知られており、中ジョッキ1杯分で、スティックシュガー5本分もの糖質が含まれている。生活習慣病を気にしたり、ダイエットをしたりしている顧客層が増え、ビール業界も「低プリン体」「低カロリー」をうたった新商品を開発するほど、アルコール類にも健康志向のニーズは高まっている。そんな中でホッピーの資質をアピールすることは、大きな強みとなった。

焼酎割りが主力だった飲み方も、変化してきた。リキュールなど、焼酎以外のアルコールで割る飲み方も提案し、カクテルを提案に加えたことで若い層の顧客が増えた。

「お客様の変化はとても早いです。外食産業は5年で環境が変わりますから。答えは常に現場にしかないんです」

こうしてブームの追い風も受け業績は回復しつつあったが、石渡さんの前には大きな壁が立ちはだかっていた。

「ホッピーのブランドは〝復活〟しつつありましたが、社内の問題は全く手つかずでした。社内は閉鎖的な空気で、派閥の対立もあり、新しいことをやろうとすると古参幹部の反発に遭う。長年蓄積された問題が山積みだったのです」

石渡さんは当時を振り返る。

「父から全権を託された私は、まず社内の環境を整備することに手をつけました。父はそんな私を、何も言わずに見守ってくれました」

石渡さんの施策を面白くないと思う社員は辞めていく。同族企業のお家騒動もあった。結局、管理、営業担当者がほとんど入れ替わるほど大幅な人事刷新となり、石渡さんの改革に賛同してくれる若い社員を中途採用で募ることになった。

改革が始まったばかりの2003～2004年当時の自分を振り返ると、

「社内外から、クレームの嵐でした。私自身、毎日ピリピリしていて、怖くて近寄れない感じだったと思います。こんな私に、社員はよくついてきてくれたと思いますよ」

断行した人事刷新のおかげで社員の年齢も大幅に若返りった。若い経営者の下、全く新しい組織が誕生しつつある。2006年度は、創業以来初めて新卒社員を7人採用した。日清製粉のOL時代に人事部にいたとはいえ、自分で採用を担当するのは初めてのこと。「体当たりの採用チーム」だったが、ウェブサイトなどを見た応募者が、300人以上集まった。会社に欲しいのはスペシャリストではなくて、ジェネラリストだ。

「素直で明るくて失敗を恐れず、一緒にゼロから新しいものを築いていける人。変化することを恐れる人はいりません」

石渡さんは言い切る。

「経営者は方針を決定し、それを社員にしっかり伝える。社員はそれを聞いたら、まず実行する。しかし経営者は神様ではないから、失敗もあります。だから、やったうえでうまくいかなかったら『ここは、もっとこうしたらどうか』という提案は喜んで聞きます。でも、やってみる前から『ダメではないか』というのは、いけません。まず『やってみよう』という姿勢を持つ人がいいですね」

常に変わり続け、成長し続け、それを柔軟に受け入れられる組織でいたい。そんな強い気持ちが、新卒採用の基準に表れている。それは「変わろうとしない保守的な組織」で苦労しつくした石渡さんが、最も痛感していることなのだろう。

ネガティブリーダーはいらない

「結局、内部環境の整備が業績回復の一番の要因だったんです。大鉈を振るったせいで、今はようやく会社が一つになりつつあると実感しています。社員が楽しく働ける環境があってこそ、お客様に楽しさが伝えられる。ネガティブリーダーは、自然に会社からいなくなりました」

事実、ここ2、3年のホッピーファンの増加は目立つ。周りにホッピーをおいてある店も目につくし、ホッピーを飲むという人が実際に増えた。よほど営業部隊が充実しているのではないか？

「組織を一から変えたことが、営業の強化になっていると思います。前は各人がバラバラに営業していました。今は経営者が方針を決め、それを即実行できる営業部隊になっています。それが売り上げのアップにつながる一番大きな要因です」

大きな方針は経営者が決め、それを数値目標や明確な戦略に落とし込んでいく。社員は自分がどう動けばいいかがわかり、確実に自分の役割を果たそうとがんばる。方針から実行への流れ……そこがうまくまわっているということだ。

しかし営業は8人。そのうち3人は07年度の新卒で、1人は採用課長兼務。ホッピー社員は、1人何役も受け持ってがんばっているのだ。

「スムーズといっても3歩進んで2歩下がるという感じです。いつもいつも思わぬ事態が起きますから」

そのひとつが、創業以来初の自主回収だ。07年度は食品会社関連のさまざまな不祥事が起きた年だが、ホッピーも決して無縁ではなかった。石渡さんの本には07年6月17日の夜、「お客様からのメールで発覚した」と書いてある。ペットボトル入りグレープフルーツサワー1リットルに異変が生じているというメールだった。酵母菌がペットボトル入りグレープフルーツサワーに混入して、沈殿物や異臭を発生する商品事故。原因は社内汚染である。報告を受けたときのことを石渡さんは「まさに時が止まった！という感じでした」と語っている。背筋がぞっとするような思いを味わった。それは「もしほかの製品に飛び火して、全体への影響がでたら」という恐怖感だった。

社長である父親は間髪入れずに「自主回収だ！」と英断をくだした。

創業以来初の自主回収、朝日、読売の全国紙に打つ社告、そして事故防止の設備投資……。

「全国紙の社告は一紙500万円、自主回収の費用、設備投資も含めると何千万です。私たちにしたら大変な損失です」

しかし、その後、食品偽装という言葉が流行語になるほど、07年は食品、しかも老舗の不祥事が相次いだ。創業者一族が頭を下げる記者会見のシーンを何度もテレビで目にしている。

「隠そうとするから大難になるんです。誰も隠さなかったから、小難で済んだんです」

石渡さんは社内汚染を正直に報告してくれた工場責任者や社員を、責めるどころかねぎらっている。

「誰でも自分の失敗は隠そうとする。でも個人は決して責めない。隠したらそれこそを責めます。そう日々社員に言い聞かせています」

以前のまま風通しの悪い組織の時にこの事故が起きていたら、どうだっただろうか？　石渡さんは隠されて、もっと取り返しのつかない事態になっていたかもしれないという。この教訓を生かし、石渡さんは、社長、製造部門との「改善対策委員会」を立ち上げた。

今の組織は、少数精鋭でジェネラリストを育てる教育をしている。「人に仕事をつける」のではなく「仕事に人をつける」ようにしている、と石渡さんは言う。

「同じ仕事を1人で長年やってしまうと、経験にしばられて変わることができなくなってしまう。うちでは、経理をやっていた人間が営業に回ることもありますし、逆もあります」

人数が限られている会社だ。一般社員は1人2役、幹部は1人3役。

「私を筆頭に、勝つためには人の3倍仕事をすることを目指しています」

仕事に慣れてきたところで仕事を替えられる社員は、正直楽ではないはずだ。

「私の下で働くのはきついよ、といつも言っています。でも、変わることをやめたり、『まあ、このへんでいいや』と私が成長をすることをやめたら、会社の成長も止まってしまう。成長のない会社では、社員たちの幸せな人生を実現することはできない。私自身は決して満足しない」

いい企業文化を創るためには、結局社員との根競べなのだと石渡さんは言う。繰り返し体験させ、小さな成功体験を積み重ね、そうして一緒に成長していく。

「ただやれといっても社員は動きません。昔の私はコミュニケーションもない状態で一方的に、あれもこれもと社員に押し付けていた。いいことをやっているのに、なぜ誰もついてきてくれないの？　とイライラしていましたね」

方針をやたら出しても社員は混乱するし、面倒なだけだ。領域を狭くして、「これだけは何があってもやって」という部分をきちんと作る。そうすると「これはやらなくていい」という部分もやりたくなるのが人間なのだ。

「社員を引っ張っていくには、とにかく根負けしないことです」

今は、常に変化する石渡さんと、一緒に走ってくれる社員がたくさんいる。社員の名刺には、みな自分のキャラクターを表すキャッチコピーが入っているのが印象的だ。例えば石渡さんの名刺には「空飛ぶ看板娘」、管理部門兼HP未来開発室兼広報担当の前田綾一さんは「HAPPY水先案内人」になっている。名刺を見るだけで、会社の「元気」が伝わってくるようだ。外部の人からよく、「社員はみな、石渡さんと同じように熱っぽくホッピーを語る」と言われる。みなが「ホッピーの伝道師」の役割を、きちんと自覚しているのだ。

石渡さんの経営改革で上り調子のホッピービバレッジは、投資家から声がかかることも増えた。この波に乗り、もっと大きく飛躍する気持ちはないのだろうか？

「そういうふうに言ってくださる方もたくさんいます。でも、身の丈を知ることは本当に大切です。会社の成長を止めることではなく、体力に合わせた確実な成長がいいんです。しょせん、私の器に合わせてしか成長できない。だから私には、勉強と現場の経験が大切なのです」

石渡さんがこう語るのには、苦い経験があるからだ。東京では「赤ちょうちん＝ホッピー」というイメージがあまりに強かった。そこで5年前、新しい飲み方を提案するために、地方に打って出ようとしたことがある。既成概念がない場所なら、カクテルホッピーなどの新しい飲み方も受け入れられるのではないか。

現に当時名古屋ではカクテルが主流で、それが逆に東京に流入していた。そこで、地方でホッピーのイベントを行った。

「最初は、確かに話題になりました。でもうちは営業担当が5～6人ですから、地方にちょくちょくは行けない。足しげく通えないところには、結局は根づかない。最初花が咲くけれど、実にはならなかったのです。実にならないことは、身につかない（笑）。こういった結果を見て、『身の丈』を知ったのです」と石渡さんは言う。

今はたまたまホッピーが注目されているが、ブームに浮かれることに、石渡さんは警鐘を鳴らす。

「商品を育てるという文化が希薄な現在の日本のマーケットでドーンと打って出ても、ブームが終わった時に急に廃れるのが怖い。一時的に市場が拡大しても、火が消えてしまうと、売っても売っても売れない商品になってしまうことは間違いありません。うちはホッピー単体がメインの会社ですから、屋台骨が揺らぐことになってしまいます。一時の流行に左右されることなく飲み継がれていく。オンリーワンの商品として多くのお客様に愛され、育てていただいたホッピーを、一つの文化として継承させることが、私の使命だと思っているのです」

今の時代、話題になった企業にはいくらでも投資や買収の声がかかる。大手企業にブランドを切り売りして億万長者に、という老舗も少なくはない。その中で、自社ブランドを大切に守っていこうという強い信念……。外部からどんなに優秀な経営者を雇っても真似のできない、3代目ならではの心意気とはこういうものなのだと、石渡さんの言葉を聞いて思った。

元気のいい経営者の下で働く元気のいい社員たちの会社、というイメージが、3代目率いる「新生」ホッピービバレッジだ。1968年生まれの石渡さんは、「働く女性」の端境期に就職した。女性総合職がバブルで華々しく活躍する一方、社長の娘である石渡さんの前には「〝腰掛け〟の一般職として働き、いい婿を見つけて〝寿退社〟」という路線が敷かれていたし、それに疑問を抱かなかったのも無理はない。まだまだ、そういう時代だったのだ。

しかし、その路線から外れたところに彼女の転機があった。会社で四面楚歌という状態の中でも、もくもくとホームページ製作をし、結果を出してしまうという彼女の根性には驚いた。またそんな彼女を黙って見ていて、きっぱり全権を委ねてくれた2代目社長の勘のよさと決断力にも感動した。石渡さんの母方の実家も商家だそうで、「両家の商家の血が、最も色濃く出てしまったのが私」と笑う。彼女がどんなに高学歴で優秀な婿を取ったとしても、〝彼〟には、会社を今のような姿にはできなかっただろうと思うのだ。

（写真：山田愼二）

最後に一番聞きたかったこと、石渡さん自身が「跡取り娘としてこれだけは誰にも負けない」という部分を聞いてみた。彼女はちょっと間を置いてから「情熱……かな」という。

「会社の中で、情熱だけは誰にも負けないNo．1だと思います。これだけは父にも勝っているかもしれません」

5年間で年商五倍、年30％の増益…本の帯にあったコピーの数字をたたき出す「跡取り娘力」とは情熱なのである。

ラジオDJ、宝石鑑定士から
メッキ業の社長に
製造業をV字回復

メッキ業6代目

日本電鍍工業　代表取締役
伊藤麻美《いとうまみ》さん

1967年東京生まれ。上智大学外国語学部比較文化学科卒業。FMラジオ、テレビなどのフリーランスDJとして活躍した後、1998年に米国カリフォルニア州、宝石の学校GIA（Gemological Institute of America）にて宝石の鑑定士・鑑別士の資格を取得。帰国後、2000年3月、日本電鍍工業の代表取締役に就任。

埼玉県・大宮駅からタクシーで20分ほど走ると、日本電鍍工業に着く。敷地の門に金色の看板が掲げてあるのが目印だ。古い2階建て社屋の奥には工場があり、迎え出た女性社員も事務服を着ている。いかにも、実直な日本の「ものづくり」会社という感じだ。メインの事業は「メッキ」。今期で創業50年を迎えたこの会社の現社長は、創業者の一人娘である40歳の伊藤麻美さんである。

「こんにちは」と現れた伊藤さんをひと目見て、実はびっくりした。申し訳ないが、古い工場の社屋とあまりに似つかわしくない垢抜けた女性だったからだ。どちらかというと、「外資系企業の広報です」と言われた方がしっくりするような雰囲気がある。元ＤＪで、幼稚園からインターナショナルスクールに通い、米国留学経験あり。そんな経歴の彼女が、突然赤字会社の社長となり、３年で黒字転換したのである。

伊藤さんの父親は商社、貿易業を経て、「日本も今後は世界に向けて高品質な商品を作るようになる」と、１９５８年に貴金属メッキの会社を設立した。セイコー、シチズン時計、オリエントなどの国内一流時計メーカーのメッキ加工指定を受け、会社は順調に成長する。

「父は、会社をつくって経営が安定すると他の人に社長を任せ、また次を起業するような行動派でした。父の会社は5～6社ありましたが、父はオーナーとして全社の経営判断や重要な決断をすべて行っていました」

父親は次々に会社をつくり、事業は拡大、伊藤さんは社長令嬢として何不自由なく育った。家は東京にあったので、父親の会社がどんなところかも知らなかったという。父もユニークなアイデアマンだったが、母もソウルミュージックに造詣が深く、流行りだしたばかりのディスコに通っていたというおしゃれな女性。伊藤さんが幼稚園から清泉インターナショナルスクールに通っていたのは、「ファンキーな父母」と伊藤さんが言う両親の方針だった。しかし母は伊藤さんが13歳の時に病を得て、7年後に亡くなっている。

「自分の病気を知った母は、私にお料理などを特訓してくれました。いわゆる花嫁修業です。中学生の頃から魚を3枚におろしたりしていました。当時は子供でしたから、ほかの子が楽しそうに遊んでいるのに、どうして私だけがこんなに厳しくしつけられるのか、と思っていました」

清泉から上智大学に進み、卒業して進路を選ぶ頃、世はバブルの真っ盛り。

「大学の友人はみな、金融、マスコミ狙い。いい就職先がいくらでも選べた時代で、仕事についてあまり深く考えていなかったんです」

その頃、父は、「今しかできない道に進めばいい」と助言してくれた。

「私の好きなことは、音楽と宝飾。父の『今しかできない道』という言葉に従って、音楽を仕事にしたいと思いました」

母の影響か、小学校6年からアース・ウィンド&ファイアーを聴いていたという伊藤さん。HipHopやR&Bをもっと日本人に知ってもらいたいと、ラジオ番組のDJになる。

「クラブのDJではなく、ラジオのディスクジョッキー（パーソナリティー）です。まだ当時ポピュラーではなかったHipHopやR&Bなどの音楽を通じて黒人の歴史や文化を紹介できたら、と思いました」

小林克也氏のアシスタントのオーディションに受かり、その後TBS、東京FMなどに番組を持つ。

「どんな仕事も、最低3年は続けなければその良し悪しもわからないと思ったのです。結局この仕事は8年続けました」

その8年の間に、伊藤さんは23歳で父を亡くした。遺されたのは会社と家。継母（父の再婚相手）と伊藤さんは、その家で以前と変わらない生活を続ける。

「父も私に跡を取らせるつもりはありませんでしたし、父が亡くなっても会社は続くものと、疑いもなく思っていました」と伊藤さん。「当時は、『会社は生き物』という概念もなかったのです」

会社も生きている。良い時もあれば悪い時もあり、ダメになることもあると、当時の伊藤さんは認識していなかった。会社とは幼い頃から「そこにあるもの」「ずっと続いていくもの」としか思っていなかったのだ。

30歳で伊藤さんは米国に渡り、宝石の学校で勉強することを決意する。方向転換の理由は何か。

「DJという職業には魅力を感じていましたが、途中から『一生続ける仕事ではない』と思い始めたのです。米国では若さよりも経験やスキルを重視しますが、当時の日本では、まだそういう風潮はなかったと思います」。今も日本では「女子アナ30歳定年説」があるが、伊藤さんもDJという仕事について、「若いうちだからこそできる仕事」と感じるものがあったのだ。

また、伝えたいことがあるからこそ始めたDJの仕事だが、スポンサーのひと言で企画が簡単に覆されてしまうこともしばしばだった。伊藤さんと一緒に思いを分かち合っていたプロデューサーも、結局はスポンサーの意向になびいてしまう。

「自分なりに努力はしてきたつもりでしたが、私もまだがむしゃらさが足りなかった。住む家もあるし、恵まれた環境でお金を稼いでいても、生きるためではなかったのです」

30歳はターニングポイント。宝飾の世界でやっていこうと、カリフォルニア州のGIA(Gemological Institute of America)に留学する。1年で宝石鑑定士と鑑別士の資格を取り、そのまま米国で就職しようと思った。インターナショナルスクール育ちで英語に不自由もなく、日本人のクラスメートには米国人と思われていたほどだ。父も母も既になく、日本に未練はない。ある意味、とても自由だったのだ。

その頃、伊藤さんはGIAの主催するダイアモンドパーティーに出席した。クラスメート200人のうち推薦された数人しか出席できないという、特別なパーティーだ。選ばれた伊藤さんは、このパーティーで当時のカルティエの社長に会う。

「その時社長から名刺をいただき、『カルティエで働くことに興味があったら、連絡をくださ い』と言われたのです。この話を聞いた友人はみな、エキサイトしながら喜んでくれました」。「それは、内定だよ」とクラスメートは騒然とし、伊藤さんも突然現実味を帯びた、新しい世界への希望に心が躍った。新たな地平が目の前に拓けたのだ。しかし、突然の日本からの電話で状況は一変する。

優良企業が倒産の危機に

「会社が危ない」という第1報は、継母からの国際電話。

「全く知らなかった。実は父が亡くなった翌年から業績は落ち始めていたのですが、気がついた時は、家も売らなければいけないかもしれないほど切迫した状況になっていたんです」

取りあえず、飛行機で一路日本へ。成田に継母が迎えに来ており、家への車の中で「担保が」「資金繰りが」「決算書が」と話をされたが、

「全く訳がわからない。時差ぼけの状態で、新しい税理士さんや弁護士さんと会ったのが、会社にかかわる事始めとなったのです」

次第にわかってきたのは、無借金の優良企業だった会社が、父の死後誰も舵取りがおらず、徐々に傾いてきたこと。父の後を任されていた人の一部が会社の資産を食いつぶし、10年間赤字を垂れ

流してきたことなどだ。最盛時年間50億円を売り上げていた会社が、年商4億円まで落ち込んでいた。

「ここまでひどい状態になるには、昨日や今日の話ではないのですが、継母にもあまり情報が来なかった。女子供だと甘く見られていたのでしょう」

そもそも、国内の一流時計メーカーのメッキ事業のほとんどを請け負っていた会社だ。しかし、生前から父は先を見越して「時計はもう成熟産業。会社に余裕があるうちに、他業種に転換しなくては」と口にしていた。

だが、その矢先に父は他界。

「跡を継いだ社長たちは、既存の事業だけに頼り、新しい活路を見いだそうとせず、赤字転換を漫然と放置していた。新規事業に投資するどころか、必要のない新しい工場まで建てていたんです」

結果として、何十億円も資産のあった会社が10億円以上の借金を背負うことになった。

今月か来月、もしくは今年中に、会社は倒産する……31歳で帰国した伊藤さんに突きつけられたのは、厳然とした事実だった。

父を慕っていた従業員たちもリストラですでに辞めていた。よくできる社員ほど、去っていった人が多かったという。会社は暗い雰囲気だった。

「現実でなければいいのに、と思いました」

その頃の伊藤さんは、まだ自分が物語の主役という認識はなかった。せいぜい、どうにもならない状況に手をこまぬく「エキストラ」程度だと思っていた。だが、何を決定するにも「伊藤サイド」として参加するのには、肩書きがいる。7月に帰国して数カ月の間に、伊藤さんはまず監査役になり、次に取締役になる。

年が明け、伊藤さんはついに「自分でやるしかない」と腹をくくった。

「最初は、よそから敏腕な経営者が来てくれるのでは、などと漠然と考えていました。でも会議のために会社に何度も行くうちに、社員の顔が見えてきたんですよ」

彼らにも人生があり、家族がいて子供がいる。何とかしないと、みなが路頭に迷ってしまうのだ。そして、自分の今までの人生を考えた。

「両親がいて、会社があって、社員が頑張ってくれたからこそ、私自身学校に行けたし、ご飯も食べられた。だからこそ、恩返しがしたいと思いました」

しかし赤字会社の社長など、ビジネス経験豊富な男性でも誰も引き受けようとしないだろう。中小企業は、自分が会社を守りきれなければ自己破産するしかない。

「でも、たとえ会社がつぶれても、命まで取られるわけじゃない。自分が死ぬ時に、これまでの人生に胸を張ることができるか、後悔はないか……と考えました」

「社員への恩返し」「後悔したくない」。この2つがキーワードとなり、32歳になった伊藤さんは

「私が会社をやろう」と決断する。

「大丈夫。32歳ならまだやり直せる年だ」と自分に言い聞かせながら。

しかし「やる」と気持ちは固まっても、誰も賛成してくれるわけではない。会社に勤めた経験すらない若い女性が製造業の社長になるというのだ。当時、製造業には女性社長はほとんどいなかった。唯一、友人の父で会社経営をしている人だけが、「麻美なら（社長業が）できる。3年間地獄を見てこい」と言ってくれた。

それを聞いた伊藤さんは

「じゃあ、頑張れば4年目からは天国になるかなあ」

こんなところは、彼女の楽天的な部分だ。しかしそれは、すべての成功者の条件であるとも言える。2000年3月、伊藤麻美さんは亡き父の遺した、日本電鍍工業の代表取締役社長に就任する。

就任の挨拶は前の晩に考えたが、当日何を話したかもう覚えていない。しかし、挨拶の後、辞めようと思っていた社員のうち何人かは「オーナーにご恩返しがしたい」「俺たちで娘さんをもり立てよう」と辞職を翻意してくれたという。

「父のおかげだと思います。父を知っている社員たちはみな、父にとても世話になったので恩返しがしたい、と言って私をサポートしてくれました」

しかし、社員数は最盛期の200人から50人に減っていた。

社長になった伊藤さんは、毎朝社員全員に挨拶をし、顔を覚えることから始めた。

「当時は経営者の仕事とはどういうものなのか、わかりませんでした。そこで、まずは自分にできることからやろうと思ったんです」

毎日社員に自分から挨拶する。明らかに見下して無視する人もいた。それでも挨拶をし続けた。今でもずっと続けている。

赤字会社の社長としては、まず金策を考えなければいけない。しかし、つき合いがあった銀行もみなそっぽを向く。女性経営者というだけで扱いが悪かった時代だ。

「あんたが社長？　プロフィール持ってきてよ」

「本物の経営者を連れてきて。あなたじゃダメだよ。本物、本物」

社長として挨拶に行った銀行では、こんな扱いも受けた。

しかし伊藤さんはくじけなかった。

「信用は一夜では築けません。今に、借りてくださいって言わせてみようと、逆にファイトがわいてきました。とにかく、負けず嫌いなんですよ」

そして彼女の言葉通り、会社は本当に3年で黒字になる。

アルトサックスもメッキします

工場内の伊藤さん

赤字転落をV字回復

父の死後、赤字転落した会社の社長になることを決意した伊藤麻美さんの取った経営戦略とは、どんなものだったのか。

2000年当時のメッキ業界は、携帯電話やパソコンのメッキ業務が主流になり、どこのメッキ会社も好調だった。しかし時計メーカーは、生産拠点を海外に移しつつあった。時計のメッキだけに依存していた日本電鍍工業は出遅れ、新たな携帯やパソコンのメッキ事業に途中参入できない。コストを極端に下げるか、またはどこかの会社がトラブルを起こし、そこの仕事が回ってくるのを待つしかなかった。もちろん、今から新たな設備投資をする資金もない。

「新規開拓しかない」

そう思った伊藤さんは、電子機器などの展示会に自ら足を運び、ブースを回って営業した。

「この製品はメッキですよね？　うちもメッキ屋なんです」

そう言って社長の名刺を出す若い伊藤さんに、ブースにいた担当者たちはさぞ驚いたことだろう。また伊藤さんは、女性の若手社員中心に、会社のホームページを立ち上げた。その頃会社には、インターネットに接続できるコンピューターが1台しかなかったのだ。さらに、製造業の発注サイトにも登録した。

本書で取材してきた「跡取り娘」の多くは、時代の流れのせいか、新しい経営戦略としてIT（情報技術）を推進した人が多かった。それが良い転機になった会社も少なからずある。伊藤さんの転機もITがきっかけで到来した。

「ホームページを見た、といって注文が来たのは、今まで仕事をしたことのない医療機器メーカーでした」

このメーカーによれば、他のメッキ会社から、技術的に難しいと断られたメッキ作業があるという。困ってインターネットを検索したところ、日本電鍍工業のホームページを見つけたのだ。早速伊藤さんは、この医療機器メーカーの注文内容を社員に相談したが、「難しすぎて、できない」とみな首を横に振る。

「これができなかったら、うちに未来はない。この仕事をやらないと、明日につながらない」

こう言って社員を激励したのは、伊藤さんだった。

「うちの技術をもってすれば、できないことはないはず」

そう説得していくうちに、半信半疑ながら「やってみよう」という社員も出てきた。

伊藤さんはなぜ、それほど自信を持って社員を引っ張っていけたのだろう。

1つには、日本電鍍工業の技術力に対する確信があったからだ。

「社員たちのポテンシャルを信頼していました。昭和40年代に、社員をすでに欧州に留学させるほど技術開発には熱心だったのです。わが社ではメッキ液も開発しており、色もたくさんあります。厚くきれいにメッキする技術は手作業で、まさに『職人の技』なのです」

しかしこうした技術力は、意外に外部には知られていないし、内部にも自覚がないというのだ。「よそ者」であり「素人」である伊藤さんだけが気がついていたのだ。

もう1つ、「やってできないことはない」というのが伊藤さんの信念でもある。

「30年ちょっとしか生きていないのに生意気ですが、今までの人生で、自分がやりたいと思ってできないことは何もなかったと思います」

DJ時代も「この番組をやりたい」と強く思うと、そのオーディションの話が転がり込んできた。念じて努力すれば目標に近づいていける、と伊藤さんは思っている。

「例えば父母にもっと生きていてほしかったと思うこともありますが、それは無理なことです。でも母は私が13歳の時に病気を宣告され、当時は『持って1年半』と言われていたのに、その後8年間生きたんです」

やってできないことはない、リストラは無闇にしない

伊藤さんは常に、「You can do it」と言い続ける。それに呼応する社員も、徐々に増えてきた。

最終的に、難しいと言われていた医療機器メーカーの発注に応えることができたとき、日本電鍍工業の社員には大きな自信が生まれたのだ。

また伊藤さんは、経営状態をオープンにすることを心がけた。借金の額や赤字などの厳しい数字を開示することで、社員たちは意気消沈するよりもむしろ危機意識を共有し、改善意識やコスト意識が生まれた。

「無闇なリストラはしない」ということも心に決めていた。

「前の社長の時に、1度リストラや給与カットをしたことがありました。でも、リストラは何度もやると士気が下がります。どうしても人材が負担にならない限り、やるべきではない。とにかく、今のままのメンバーでいこうと決めていました」

結果的に見れば、時計メッキという1事業に特化していた会社から、「多品種少量受注」に転身したのが良かったのだ。1品種だけに頼って価格競争に陥り、安い大量生産をやっていたら生き残っていなかっただろう。

今や日本電鍍工業のウェブサイトには、楽器や医療機器など様々なメッキ製品が掲載されている。全く新しい事業に転換したわけでもなく、新規の設備投資もせずに、伊藤さんのやったことは「会社のポテンシャルを最大限に引き出す」という戦略だったのだと思う。

「私は、この会社の一番のファン。知れば知るほど、ウチは絶対にいい会社だと惚れ込んでいったんです。メッキの技術はすごく可能性のある分野。ロケットにも応用できる。将来は宇宙にだって行くかもしれないじゃないですか？」

自信を持って生き生きと会社を語る伊藤さんを見ていると、全くビジネス経験のなかった社長に、なぜ社員がついていったのかがよくわかる。今となれば、どこに根拠があったのかと思うほど自信を持っていた、と語る伊藤さん。その根底にあるのは、「父のやってきたことに間違いはない」という絶大な信頼だ。

「何事も気持ち。気持ちで負けてしまってはそれまでです。心を込めてやれば、必ず成果は出るのです」

彼女の言葉通り、会社はわずか3年間で黒字に転換した。

「今になってみると、好きなことを仕事にしなかったのが良かったのかもしれない」と伊藤さんは言う。ＤＪの時は、思い入れが大きかっただけに失望もあった。宝飾の世界も、コストを度外視してしまいがちだった。好きなことでは理想を追いすぎてしまう。

「仕事とは、やっていくうちに好きになっていくものだと思います。下積みの間に嫌いになることもある。仕事を客観的に見ることができた時、初めて良し悪しを判断できるのではないでしょうか」

未知の世界に飛び込んで始めた会社経営。しかし今は「ものづくり」が楽しくて仕方がない。

「ものづくりは、日本のソウル（魂）に触れている気がするんです。戦後の成長期に頑張った先輩たちがいて、そのおかげで今の自分がある。この仕事には、日本人として誇りを感じます」

工場の現場に行くと、「匠の技」を持つ職人たちの目の輝きとプライドに、つくづく「かっこいい」と惚れ込んでしまう。

残念ながら今の日本では、製造業の中小企業は厳しい現状にある。伊藤さんが母校の大学で講演した時、中小企業への就職を考えている学生は1人もいない、というさびしい光景を経験した。

「ものづくりに対して、もっと光を当てないといけない、と同世代の製造業の2代目、3代目と話をしているんですよ」

2年前から新卒を採用しているが、今は大手に人材を持っていかれる厳しい時期だ。将来的には女性技術者を確保するために保育室も備えたいという。それは伊藤さんが2005年5月に結婚し、自身にも子供ができたことからの発想だ。パートナーは海外で知り合い、6年つき合った人で、今は同グループの他の会社で活躍している。

遠距離恋愛が、成功の秘訣

「恋愛中は『遠距離』だったのが良かった。帰国以来、3年で黒字にしなくちゃと、会社のことで精いっぱいだったからです」

近くに暮らしていたら、会う機会も多い代わりに、ストレスや悩みもストレートにぶつけていたかもしれない。

「子供も欲しかったけれど、そのためにはまず『会社をよくしなくちゃ』と思っていました」。

両親を亡くした伊藤さんに、パートナーは「家族を作ってあげたい」と言ってくれた。会社が黒字になって、自分のことを考える余裕ができた頃、伊藤さんは思った。

「なぜ自分がこれほど周りの人から助けてもらえたのか、と考えた時、両親がそういうふうに育ててくれたからだ、と感じたのです」

しかし感謝したくても、今は亡き両親に親孝行はできない。

「代わりに恩返しできることは、『ルーツ』を絶やさないことだと思ったのです。『子供はいらない』と思った時期もあったのですが、いらないと自分で決めてしまうのは間違いだと思った。そろそろ自分の幸せも考える余裕ができたので、『じゃあ、結婚しなくちゃ』と（笑）」

タイミングよく帰国したパートナーと結婚してすぐに子供を授かり、今は母親業と社長業の2本立てだ。子供ができて視野も広がった。自分が豊かに辛抱強くなり、キャパも広がったと感じる。

「子供たちのために、未来の地球をよくしなくちゃいけない。会社をよりよく経営することが、私の社会貢献でもあると思うんです」

人の上に立つ女性で子供を持つ人がもっと増えるといい、と思うのはこういう発言を聞く時だ。

（写真：p39のみ皆木優子、山田愼二）

豊かな母性は、経営者としての視点に大きなプラスになる。

伊藤さんの今後の目標は「社員にもっと還元すること」。「メッキ液も、もっと自社開発し、他社にできないメッキ作業をやりたい。『Only One』のものをつくりたいですね」

今期が51期になるので、取りあえず「100年企業を目指したい」という伊藤さん。その頃は、自分は社長ではないかもしれないけれど……。微笑む彼女の目は、長いスパンで、そして大きな視野で未来をまっすぐ見つめているのだ。

老舗旅館を稼働率9割の「おふたり様」用人気宿に改装

旅館業3代目

黄木コーポレーション　代表取締役
黄木綾子《おおきあやこ》さん

1965年、山形県米沢市生まれ。80年以上の歴史を持つ「米沢牛黄木」を営む黄木昭夫さんの次女として生まれる。1985年に東京観光専門学校を卒業後、実家の旅館「すみれ荘」で働いた後、上京し、東急リロケーションに勤務。結婚後米国在住を経て、2003年に米沢に戻り「米沢牛黄木」のレストラン「金剛閣」を経て「すみれ荘」で再び働く。2005年3月、黄木コーポレーション代表取締役に就任。同年10月「時の宿すみれ」をリニューアルオープン。

家業の老舗「星野温泉」を「星野リゾート」として再生した星野リゾート代表取締役社長星野佳路さんが「旅館再生請負人」としてマスコミに登場し、旅館再生という事業はすっかりメジャーになった。私の知人にも、外資系企業と組んで旅館再生ファンドに取り組む人がいる。

本書でも、旅館を再生した跡取り娘を取材したいと考えていたところ、リクルート出身で西麻布でレストランを営む知人が、こんな話を持ってきてくれた。

「数年前までは稼働率が悪かった家業の旅館を、『Dの食卓』で有名なゲームクリエーター飯野賢治さんをコンサルタントに迎えて大改革し、現在は予約が取れないほどの旅館に大変身させた女性がいますよ」

ゲームデザイナーと組んで旅館を再生するという発想は、どこからきたものか？　早速その女性にコンタクトを取った。それが、米沢の湯の沢温泉に1軒だけの、源泉かけ流しの温泉旅館「時の宿すみれ」3代目の黄木綾子さんだ。現在、同旅館を経営する黄木コーポレーション代表取締役である。

米沢駅は、都内から新幹線で2時間10分。駅から車で約15分走ると、木々の緑の中の渓流沿いに「時の宿すみれ」のエントランスが現れる。宿は2階家で、全体の色調はブラウン。モダンですっきりした林の中の建物は、まるで軽井沢の瀟洒なホテルのようだ。

「いらっしゃいませ」と現れた黄木さんは、スラリとした長身を黒いスーツに包んでいる。物静かに、しかしテキパキと働く彼女の物腰は、女将というよりは有能なホテルウーマンそのものだ。
「ここは28年前に祖母が始めた温泉旅館、すみれ荘でした。2005年の2月にいったん閉めて大改装し、10月に『時の宿すみれ』としてリニューアルオープンしたのです」

和室12室だった「すみれ荘」を、2人専用の10室の旅館に改装。和室が5室、布団を敷くタイプの和洋室が2室、ベッドの洋室が3室で、部屋の内装はすべて異なる。以前は近隣の湯治客が多かったが、リニューアルしてからは首都圏からお客が来るようになった。
「書院風、アジア風、茶室風と、部屋のコンセプトは1つずつ違います。『次はこの部屋で』とおっしゃる、リピーターのお客様もいらっしゃいます」と黄木さん。どれも、タイプは違うがそれぞれに落ち着いた心地いい部屋ばかりだ。

改装旅館というと、有名デザイナーを起用して真っ赤な壁の和室を作ったり、内装が妙にゴージャス過ぎたり、イタリア製陶器などで作ったあまり趣味の良くない露天風呂を入れてみたりと、しっくりこないことも多い。部屋がリノベーションで綺麗でも、洗面台や照明器具、ポットなどが安っぽかったり、改装しきれない部分が残っているとがっかりする、しかし「時の宿すみれ」は外装、内装ともにデザインに妥協がない。建物の裏側の施設やクーラーの室外機などもすべて外装と同色の木の枠で囲っていて、驚くほどスキがないのだ。金属の配管や器具を隠すことで、「興ざめ」を誘わないような工夫がされている。

ここまでにするにはかなり費用がかかったのでは、と聞くと「1億5000万円かけました」と黄木さんは言う。前述の旅館再生コンサルタントの知人によれば、この規模の宿としてはかなり「思い切った」出費だという。

思い切ったのは改装費ばかりではない。この旅館のコンセプトのユニークなところは、「おふたり様専用」ということだ。

「3人で泊まりたいというお問い合わせもいただきますが、コンセプトをぶれさせないように、お断りしているんです」

「おふたり様専用」は、旅館のリニューアルの際にメインコンセプトとして打ち出したものだ。最初は周囲から、「連れ込み旅館のようだ」という反対の声もあった。

「でも、おふたり様というのは必ずしも男女でなくてもいい。ご夫婦や恋人同士だけでなく、友人同士や親子など、あらゆるお2人が大切な時間を過ごしてもらう宿にしたかったのです」

よく見れば、ロビーの椅子も「お食事処」の個室も2人用と徹底している。驚くほどプライバシーが確保されていて、2人ずつ心地よい距離が取れる設計になっているのだ。一方、木の厚い板を削って作ったバーカウンターには、何人か並んで腰掛けられるようになっているので、ここでは他の客と交流を持つこともできる。

黄木さんのコンセプトは当たり、改装2年を待たずに稼働率90%を達成し、年商も1億5000

万円に迫る勢いだ。予約は3カ月先までしか取れないが、常に満室の状態が続いている。

結果的に改装は成功だったが、そこまでの道のりは平坦ではなかった。どこのファンドも入らず、自社でこれだけの改装をやってのけたのである。

「旅館を継ぐなんて、本当に一大決心ですよ。リニューアルを決める前、採算の取れない旅館なんてやめてしまう方が簡単だ、と皆が言いました」と黄木さんは振り返る。

「でも祖父母がかつてこの源泉の所有権を買い、お湯をひいてつくった宿です。春には、渓流沿いの桜並木が美しい花を咲かせます。私自身幼い頃から馴染んでいて、ほっとできる場所。祖父母がつくったその場所を全部捨ててしまうなんて、私にはできませんでした」

リニューアル前の「健康の宿すみれ荘」という旅館の名前は、黄木さんの祖母の黄木ハルさんが興したタクシー業に由来する。ハルさんは18歳の時、東北で女性で初めてドライバーの試験に合格した「モダンガール」。1930年に「すみれタクシー」を開業し、女性ドライバーとしてT型フォードを駆った。

ハルさん自身は、1923年に精肉店を創業した黄木義政さんの娘である。黄木家はもともと、「米沢牛黄木」という80年の歴史を誇る米沢牛のブランドを持っていた。現在「米沢牛黄木」という会社は、黄木さんの弟が4代目を継いでいる。

1981年、黄木さんの祖父母は湯ノ沢温泉の所有権を購入し、旅館業を始めた。

「最初は、リューマチを病む祖母の隠居所として、温泉つきの家を建てるつもりだったようです」

しかし結局は旅館「健康の宿すみれ荘」を始めることになる。

「祖父母ともに根っからの商売人。温泉があり渓流も桜もあるこの地に、『老人のユートピア』をつくりたかったのだそうです」

祖母ハルさんを、黄木さんはこう評する。

「おてんばで活発な女性でした。64歳で旅館を始めたバイタリティーはすごいですね。私は祖母が大好きでしたし、仕事の上では祖母の血をひいているのかもしれません」

中学生の頃から黄木さんは、祖父母が住んでいる旅館によく泊まりにいき、おさんどんや布団の上げ下ろしの手伝いをするようになった。「祖父母がいるこの場所が、大好きだったんですね。この頃のおかげで、今では旅館の仕事は、料理以外は全部できますよ」。商売をしている家にありがちなのは、忙しい父母の代わりに祖父母が孫の面倒を見てくれるというものだが、黄木さんも大の「おじいちゃん・おばあちゃんっ子」だった。

県内の高校を卒業後、ホテル学科のある東京観光専門学校に行ったのも、物心ついた時から「やがてはすみれ荘の跡取りに」という自覚があったのと、家族にもそれを望まれていたからだ。卒業後は米沢の家に戻り、すみれ荘で働くことになる。

「でも、それですんなり跡取りになったわけではないんです。20代だった私は、もう一度東京で働きたいという気持ちがわいてきたのです」

黄木さんが再度東京を目指したのは、バブルの盛りの1980年代後半。一度東京を経験した20代の女性が、米沢の温泉地に引っ込んではいられないのも、よくわかる。また、当時のすみれ荘は県内の高齢層が顧客の中心で、静かな宿だった。幸い祖父母の跡継ぎとして、黄木さんの叔母が旅館を切り盛りしていた。

思い立ったら自分の道を進むのは、祖母譲り。黄木さんは1人で東京に移り住み、就職先も決めた。当時両親は、「あなたの気持ちは分からない」とため息をついたという。1986年から渋谷の東急リロケーションに勤め、営業アシスタントから5年間勤めた。「この頃は本当にいい時期でした。仕事も遊びもたくさんして、楽しい思い出がいっぱいあります」。跡取りの義務感から解放され、自分で働き自分で消費する東京の日々は、それほど楽しかったのだろう。

しかし、運命がさらに黄木さんを米沢から遠ざける。「27歳で結婚し、すぐに主人の転勤で米国に住むことになりました。ボストンとニューハンプシャーで暮らし、息子を2人授かりました」。この結婚は事実上、「米沢には帰らない」という意味もあった。親は娘の結婚を喜んでくれたが、ずっと「跡取りになる」と思われていたのにそれを捨ててしまう後ろめたさは、結婚式の直前まで尾を引いたという。

結婚して初めて黄木さんは「もう跡を継がなくてもいいんだ」と思った。幼い頃から心の片隅にあった「跡取り」の自覚が、ぽろりと抜け落ちたのだ。その時に感じたのは解放感か、一抹の寂しさか。当時はとにかく目前の新しい生活で、頭がいっぱいだった。

上の子が4歳になる前の1995年に、日本に帰国。しかしまもなく夫婦の間はぎくしゃくし、離婚した黄木さんは東京でシングルマザー生活を始める。「子供を預けて働くため、保育園の近くの職場を求めてパートの仕事を変わったり、住む場所も転々としました」

90年代は保育園制度が充実しておらず、長く預かってくれる延長保育もない。小さな子供を抱え、米沢の旧家のお嬢さんはさぞや苦労したのではと思うが、当時を振り返る黄木さんの表情は明るい。「親子3人の生活は、けっこう充実していて楽しかったんですよ。今から思うと強がりかもしれませんが、自立することに燃えていて、このままずっと東京でやっていこうと思っていました。私って本当に、めちゃくちゃ前向きなんです」

しかし、1997年にショッキングな知らせがあった。父親が「ガンで余命半年」と宣告され、急遽米沢に帰ることになる。半年ほど看病し、父は他界。父亡きあとの「米沢牛黄木」は弟が4代目を継いだ。祖父母は既に1994年に亡くなり、すみれ荘は叔母の代になっていた。あれほど祖父母を慕っていた黄木さんだが、相次いで2人が亡くなったのは米国で次男を出産した時だったので、日本には帰れなかったのだ。

米沢に戻った黄木さんは、「米沢牛黄木」の経営する「金剛閣」という3つのレストランの入っているグルメプラザで働くことになった。子育てしながらのレストランの仕事は、経理、受付、レジ、フロントなど。ここで接客業のすべてを学んだ。

「2002年ぐらいから、すみれ荘をなんとかしないと……という話し合いが、家族の中で行われるようになりました」

すみれ荘は当時客単価約8000円で、近県の長逗留の湯治客はいるが、稼働率が悪く経営は苦しかった。他県からの観光客は、1軒しか宿のない湯の沢温泉ではなく近くの白布温泉や小野川温泉に行ってしまう。

「すみれ荘を閉じようという意見も出ました。でも弟と私は、せっかく祖父母がつくったこの旅館をやめるのに忍びなかった。祖父母の想いを引き継ぎたかったのです」

黄木さんと弟を中心に、「米沢牛黄木」のブレーンなど5人のメンバーで、すみれ荘をリニューアルするための「すみれプロジェクト」が始まった。黄木さんは2003年、すみれ荘のマネジャーに就任した。

「すみれプロジェクト」での話し合いは二転三転した。

「最初は旅館ではなく、渓流沿いに小さな風呂をたくさんつくり、日帰り温泉施設にしては、と思いました。不思議なことに、弟も同じことを考えていたのです」

しかし新しい「すみれ」を立ち上がるために、現在のすみれ荘の強い点、弱い点を見極めなければばいけない。強みは「素朴なロケーション、良質な源泉かけ流しの湯、米沢牛の料理」である。しかし観光地としては、近隣の温泉街に比べて弱い。観光としてではなく「『すみれ』がいい」と来てくれるお客のために、どんなコンセプトを打ち出せばいいのか？

迷う黄木さんに、「米沢牛黄木」の役員がコンサルタントを紹介してくれた。それが「Dの食卓」で有名なゲームクリエーター、飯野賢治さんだったのだ。飯野さんとの出会いで、黄木さんはすみれ荘を全く新しい宿として再生することになる。

「おふたり様」コンセプトが奏功

ビジネスにおいて大切なことは何だろうか。膨大なマーケティング調査か。それとも、一流のスタッフを揃えることか。跡取り娘の取材をしていると、経営者の強い「想い」がベースにあることこそが一番大切ではないか、と感じることが多い。

「綾子さん自身は、どんな旅館を作りたいのですか？」

旅館のリニューアルにあたり、コンサルタントになった飯野賢治氏が、現在の「時の宿すみれ」3代目となる黄木綾子さんに尋ねたのは、この「想い」の部分だった。

黄木綾子さんはそれまで、「すみれプロジェクト」の他のメンバーの意見を尊重し、協調性を大事にしながら話し合いを進めてきた。あまり、自分の意見を強く主張することがなかったのだ。しかし飯野さんの質問で、初めて黄木さんは「自分の想い」と向き合うことになる。

「どんなお客様に来てほしいのか?」という問いに、最初に浮かんだのが「おふたり様」だった。

「この旅館には、大切な人と2人で来てほしい。そして『おかげさまで、いい時間を過ごすことができました。ありがとう』とお客様に言っていただくのが自分にとって一番幸せなことなのだ、と思ったのです」

さらに飯野さんは、黄木さんに問いかける。「お客様は何歳ぐらいの人?」「夫婦、またはカップルで、30~40代より上くらい」「それは、どういう人ですか?」「毎日が忙しくて、明けても暮れても仕事ばかりで、休みもいつ取れるか分からない人。そんな人が、やっと取れた2人の時間を過ごし、お互いの理解を深めていただく場所にしたいんです」。……まさに、イメージワークだ。黄木さんと飯野さんが話をして紙に落とし、その繰り返しでさらにイメージを深めていく。飯野さんは黄木さんの「想い」を引き出す手伝いをしてくれたのだ。

「じゃあ、2人専用の宿にしたらどうですか」

飯野さんのこの一言で、「おふたり様専用宿」はスタートした。従来の「1部屋に客が多く泊まるほど儲かる」というスタイルの旅館には、わざわざ客数を減らすような発想はなかった。今でこそ、「2人用の露天風呂付離れ」などをメインにする宿も多いが、当時は「客単価が稼げなくてもったいない」というのが、常識的な考え方だったのだ。

「プロジェクトのメンバーの中では、『2人宿』にピンとくる人は、飯野さんと私しかいませんでした。でも、飯野さんは『そのコンセプトを、もっと尖らせるべきだ』と教えてくれました。飯野さんがいなければ、今の形はなかったと思います」

周囲からは「いかがわしいカップルの宿のようだ」という声があった。黄木さんの弟も、最初は反対した。

「でも『2人』というのは、カップルだけではない。女同士、親子など、さまざまな『2人』がいるはずです。一番大事なのは、『すみれ』を知っていただき、たくさんのお客様に来てもらうこと。そのためには、目立つことが必要です。『2人宿』というコンセプトには、話題性があると思いました」

その上黄木さんには、米沢牛のブランドがついている。「2人専用で、その宿では米沢牛づくしの料理しか出ないんだって」。そんな評判がたてば、遠くからのお客様も来てくれる。

米沢牛を一番おいしく食べるには、まず鉄板焼きだ。オープンキッチンの鉄板焼きカウンターも作りたい。そのうえ懐石のコースにして、あらゆる形で米沢牛の料理を提供したい。また、1部屋ずつ料理を運ぶいわゆる「部屋食」が小さな隠れ宿のイメージだが、「すみれ」はあえてお客様に「お食事処」に足を運んでもらう。「米沢牛懐石というアイデアは、飯野さんのアドバイスもあり、

ステーキ用の肉を手にしたシェフ

温泉はすべて源泉かけながし100%

最初からイメージにありました。サービスも1品ずつ。そうなるとスタッフの数も限りがあるので、やはり団体客はあり得ない」

黄木さんの提案は、ユニークなだけに皆にイメージを伝えるのに苦労した。しかし、一度土台が固まると、あとはどんどん形になっていく。

デザインは青山のＵＤＡ（佐藤明彦氏代表）に依頼し、インテリアは山形県の高級木製家具メーカー「天童木工」や、「ＩＤＥＥ（イデー）」「ＡＤＣＯＲＥ（エーディコア）」などを採用。ロビーには、１人がけのソファを直角に配置した２人用の席だけを作り、食事処の鉄板焼きカウンターや個室は、ルーバーという木のパーティションを多用し、見えそうで見えないプライベート空間を確保した。

館内に小さなワイナリー「酒蔵」を設け、食事の前に客が立ち寄ってワインや地酒を自由に選べるようになっている。セラピストは常駐ではないが、バリの小さなサロンのようなアロマセラピールームもある。風呂は男女用の２つのほか貸し切りの露天風呂を２つ増設した。

「旅館の経験があるとはいえ、事業計画書を持って銀行に行くのは初めての経験でした。２００５年10月に何とかオープンにこぎ着けましたが、直前は工期が間に合いそうもなく、眠れない日々が続きました。オープン直後も、備品が足りなかったり……。スタッフがスムーズに動けるようになるまで、数カ月はかかりましたね」

こうして2005年10月、「健康の宿すみれ荘」は「時の宿すみれ」としてリニューアルオープン。結果的には、小さな宿なりに明確にターゲットを絞りこんだことがプラスに作用した。2人客のみだと、すべてに無駄がないのだ。

「2人客だけに対応すればいいので、団体への対応や部屋の割り振りなどの業務が激減します。子供用の食事やグッズを用意する必要もありません。スタッフも迷いなく2人連れのお客様へのサービスに集中できるので、オペレーションもスムーズです。現在スタッフは正社員8人とパートで、全部で10人ほどです」

食材にも無駄がない。夕食は、12皿の料理のうち10皿に米沢牛が使われる。トレーサビリティで固体識別番号がついている、1頭買いした牛が、毎日「米沢牛黄木」から届く。1頭まるごとなので、ほんの少ししか取れない希少で珍しい部位も含めた10種類の部位を、様々な料理にして提供できる。

メイン料理はステーキ、しゃぶしゃぶ、すき焼きから選べるが、他の料理は「牛肉にはこんなに様々な料理法があるのか」とびっくりするほどバラエティに富んでいる。夕食朝食付きで、1泊1万8000～2万6400円の客単価。首都圏から来たお客は「こんな料理が食べられれば、宿代はタダのようなものですね」と、その値頃感に驚くという。バックに米沢牛の会社がついているからこその、他の宿には真似できない差別化である。

集客などの営業については、旅行会社に頼る従来の方法ではなく、ウェブサイトとウェブマーケティングを充実させた。特に旅館のウェブサイトは、「どこよりも目立つ、操作性のいいものを」とこだわった。サイトは、「おふたり様」「米沢牛」「貸切露天風呂」というキーワードで検索した時に、検索エンジンの上位に表示されるよう工夫されている。

雑誌への宣伝も怠らなかった。「オープン前は毎週、『東北じゃらん』（東北エリアの旅行雑誌）に広告を出しました。まず近県に宣伝したかったのです。また、最初は稼働率が35％程度でしたが、『大人のいい旅』に広告を出してから予約が増え、女性ファッション誌からの取材も相次ぎました」

２００６年はテレビへの露出も増えた。２人宿、ブランド食材などのテーマでの取材が多い。旅館のコンセプトを明確にしたことが、ここでも大いに功を奏した。

「テレビの影響はすごいですね。収録した番組の放映時間にテレビを見ていると、すぐに電話が鳴り出して応対が間に合わないほど。10日ほど電話が鳴りっぱなしになりました」

当初銀行に提出した事業計画書には、「稼働率６～７割目標」と書いたところ、担当者に「大丈夫ですか？」と危ぶまれたこともある。普通の旅館は、稼働率４割から始まるそうだ。ところがリニューアル２年目の２００６年11月以降は、平均客室稼働率90％を達成。部屋数10室、平均客単価は約２万円だから、年商約１億５０００万円の宿ということになる。

「おかげさまで、事業計画は２年前倒しになりました。ほっとしましたが、一番うれしいことは、おふたりが心からくつろいでいるのが私にも日々伝わってくること。おふたりの大切な時間を提供できていると、日々実感できることがとても幸せです」

記念日や誕生日に泊まりに来たお客には、デザートプレートをデコレーションするサービスもある。夫が妻に内緒でサプライズの結婚記念日を演出した時は、妻が感極まって泣き出すということもあったそうだ。「時の宿すみれ」に泊まることが、これまでの2人の時間を「思い起こしてもらう旅」になればいい、と黄木さんは思う。

しかし「おふたり様」というコンセプトを厳格に守るのは、かなり難しいことでもある。最初私は、「2人部屋」なら知り合いの夫婦2組や4人連れの女性同士が2部屋に分かれて泊まれると思っていた。しかし「時の宿すみれ」では、こういったお客も、(予約時点でわかれば)「基本的には2人宿なので、受けないこともある」という。これを聞いて少し驚いた。

高所得層の女性グループで、海外のリゾートホテルや有名旅館を制覇している人は多い。欧米ほどカップル文化ではない日本では、女性同士のグループ客は観光業には欠かせない「優良顧客」だ。旅館として、こういったグループを切り捨てるのは、かなり思い切ったことではないか?

「インターネットで予約なさったお客様で、チェックインの時に『実は他の1組と知り合いなので、食事だけは一緒にしたい』とおっしゃる方がいらっしゃいます」と黄木さん。そんな時はどうするのか。「なかなか言い方が難しいのですが、こんなふうにお願いしています」

食事処は、2人ずつの個室のパーティションを外して4人用にすることはできる。しかし、ロビーなどの共有スペースでは、原則として椅子は2脚1組に並べてあるので、「この椅子は動かさないでほしい」と頼んでいる。また、こうした客には、部屋でくつろぐ時もなるべく声のトーンを落とすようお願いする。「グループになると、どうしても『にぎやか』な感じになってしまうのです。ある時、お知り合い同士の2組のお客様が夜話されている声に、他の部屋から『ちょっと昨夜はうるさかったわね』と苦情が出たことがありまして……」

2人と4人では声の大きさが違うと言われて、ハッとした。「時の宿すみれ」では、どの部屋にもテレビが置かれていない。備え付けのドライヤーも、静音性の高いものを選んでいる。「音」にはそれだけ気を使っているのだ。「2人の時間をゆっくり過ごしたい、という目的の方が泊まる宿です。それをわかってくださるお客様を主軸に考え、安心してくつろいでいただきたいのです」

「おふたり様」宿というコンセプトを、表面上真似できる宿はあるかもしれない。しかし、そうはいっても「客商売」である。「時の宿すみれ」ほど厳密に、しかもお客様に失礼にならないように貫くのは、繊細な応対が必要となる。

しかし黄木さんがここまで「2人宿」にこだわるのは、根底に「想い」の強さがあるからだと思う。「大切な人との時間は永遠ではない。だからこそ大事なのだ」と知っている、大人の女性が隅々まで心を配った宿。「おふたり様」への黄木さんの「想い」が、形になったのが「時の宿すみ

（写真：エルスタジオ 尾苗清、）

れ」のサービスなのだ。

そういえばすべての部屋だけでなく、この館内には時計がひとつもない。時計がないのに、「時の宿すみれ」と名づけたわけを聞いてみた。

「時を忘れ、2人だけの特別な時を刻む…。それで『時の宿』なんです」と黄木さんは微笑む。「すみれ荘」の「すみれ」を残したのは、「祖母の想いを遺したい」という気持ちからだ。祖母から娘、そして孫娘へと、すみれの「時」はつながっているのである。

第二章◆跡取り娘のしなやか仕事術

父性型リーダーシップは、成長期に強い。黙ってついていけば、右肩上がりが保障されていたからだ。低迷や混迷の時代は、母性型リーダーシップが注目されている。男と女は打ち出すキャラクターが違う分、人を引っ張る方法論も違う。カリスマ創業者など、強い父親のあと、跡取り娘たちは、どのように「人を動かす」のだろうか？　女性らしいしなやかな仕事術が、人を動かす時代なのだ。

銀座の名門和菓子店
カリスマ経営者の父の跡は、
協調型のリーダーシップ

和菓子屋3代目

曙　代表取締役社長

細野佳代《ほそのかよ》さん

1964年東京生まれ。4人兄弟の長女。玉川学園大学卒。卒業後、祖父が興した「曙」に入社。工場のスタッフから始まり、たまプラーザ店店長、企画室長、営業部長、商品本部長を経て、2004年11月に父親である社長から代表取締役社長に任命される。

「銀座あけぼの」といえば、おなじみの和菓子屋。各地のデパートの地下にある店舗でも知られている。お中元やお歳暮で届く、あられの詰め合わせを思い浮かべる人もいるかもしれない。築地育ちの私にとっては、三愛ビルの隣にある「気になる和菓子屋」だ。おいしそうな季節の和菓子をディスプレーしていて、通るたびに目をひかれた。

イチゴの季節にはイチゴをふんだんに使った和菓子が売られ、餡子がたっぷり入っていそうなふっくらとした大福が山と積まれている時もある。和菓子の老舗というと、見本が宝石のように飾られていて、しんとして入りづらい店が多いのだが、あけぼのの店はいつもポップで元気な印象が強い。銀座の店頭は、いつでもお客でいっぱいだ。

２００４年11月に銀座あけぼのの社長に就任した、細野佳代さんは、祖父が銀座で興し、料亭などがお土産に使ってくれていた和菓子の老舗の3代目になる。

「初めは、社長になるつもりは全くなかったんですよ」

と柔らかな笑顔で言う細野さん。取材当日は黒いパンツスーツで現れたが、着物でも着ていたら、おっとりした老舗のお嬢さんというイメージそのものだ。「大学卒業後、しっかり仕事をするつもりはあまりなかったのです。銀座あけぼのに入社したのも、結婚までの腰かけのつもりでした」。しかし実際は、大学を卒業してからずっと銀座あけぼので働いている、和菓子業界20年のベテランでもある。

細野さんは、銀座あけぼの2代目社長の長女として生まれ、幼稚園から私立の玉川学園に入る。しかし、あまりにおっとりした娘の性格を心配した母親が、「このままでは先行きが心配」と、公立の小学校に転校させたそうだ。高校と大学はまた玉川学園に戻り、教育学部を専攻した。

しかし教育実習で小学校1年生を受け持った細野さんは、ある子供が問題行動を起こす様子を見て、行き詰まる。「こういった子たちに私がしてあげられることがあるのだろうか？　これを仕事にするのはキツイ、と思ってしまったんです。あとから考えたら、仕事の厳しさはどこでも一緒だったんですけれどね」。どうしても教師になりたかったというわけでもなく、厳しい就職活動をすることもなく、進路はすんなり銀座あけぼのに決まった。20人の新入社員とともに入社したが、両親は決して細野さんを甘やかさなかった。

入社した新人の配属先は本社か店舗だったが、細野さんの行き先は工場だった。16人の社員のうち、障害を持った人が半分という小さな工場だ。入社1日目から、細野さんはショックを受ける。ほかの社員はみなベテランなのだ。卵を割る作業ひとつとっても、細野さんは皆に全くかなわない。

「仕事をなめていた。これは頑張らなくては、と思いました」

早くほかの人に追いつきたいと奮起するあたり、細野さんは本当に素直だったのだと思う。可愛がられて育った「お嬢様」が会社に入ったら、1日でいやになる人もいるかもしれない。しかし細野さんにとって、工場は楽しい職場だった。

2人でペアを組み、1日に作るお菓子の量はざっと30万円分。これらがちゃんと流通に乗って売れていくさまを見て、「私は、世の中の人においしいと思ってもらえるものを作り出しているんだ」と細野さんは初めて仕事を誇らしく思った。

仕事の楽しさに目覚めると今度は、「このお菓子をもっとおいしくするには?」「もっと売るためには?」と試行錯誤するようになった。ついには、新作を持って関東圏の70店舗を訪ね歩き、営業するまでになった。

これまで、こんな社員はいなかった。当然店舗の反応もさまざまだった。「社長の娘だから話を聞いてやるか、という態度の人もいましたし、こんなものは売れないとつき返され、泣きながら帰ったこともありましたね」。ちなみに、この時の新作菓子は、しっとりタイプのマドレーヌ。細野さんの母が得意で作ってくれたお菓子である。今では、ハート型のマドレーヌ「銀恋」として、商品化されている。

「和菓子の新作がマドレーヌ?」と思う人もいるかもしれないが、もともと銀座あけぼのの和菓子は、斬新なものが多いというのが私の印象だ。細野さんは「父親も、新しい発想をする人でした」と言う。例えば、おかきにチーズを入れた商品を開発したのも父親だ。「邪道と言われるようなことをやって、それをうまく商品として成功させるカリスマ性が、父にはあったのです」

「でも父は何も私に教えてくれませんでしたね。ほったらかしで、自分で考えて行動するしかない。

当時は、父に冷たくされていると思っていました」

しかし、工場に配属した娘が思わぬ熱心さで仕事にはまっていくのを見て、カリスマ社長はひそかに「してやったり」と思っていたのかもしれない。

細野さんは25歳の時、新しい直営店舗、たまプラーザ店の店長になる。細野さんは、新店舗の立ち上げから関わった。菓子の包装は、小さい頃から手伝っているので慣れている。しかしアルバイトを雇ってシフトを組み、一店をすべて仕切るのは予想以上に大変だった。

「毎日店を開けて、閉めるまでで精一杯でした」

店舗には喫茶スペースも併設していた。アルバイトを含めて5～6人で切り盛りしていたが、朝アルバイトから「今日は行けません」と突然電話が入ったりする。接客に追われ、気がつくと喫茶部門のスタッフが誰もいず、焦ったこともあった。

「衛生管理士の資格は工場にいた時に取っていたので、ほかにスタッフがいない時は、お客さんの注文した品を私が自分で作って出すことも、しょっちゅうでした」

細野さんが25歳の頃といえば、巷はバブルの真っ盛り。彼女の友人たちは華やかな日々を過ごしていたと思うが、細野さんは「3年間、毎日朝の7時から夜の9時まで働き続け、店を閉めると翌日のスタッフのシフトを考えたりしていて、11時頃になることもありました。休みは全くなし。当時は、友人の結婚式があるとやっと休みが取れる、という感じでした」

しかしこの頃の細野さんには、辛いという気持ちはなかったと言う。むしろ、お客と間近に接する楽しみを強く感じた時期だった。「本当にこの仕事が好きだったんでしょうね」

「ただ、私のあまりの忙しさに、さすがに父もかわいそうと思ったのか、ある朝私が早くに出る時に、急に時計をくれました」。父親は無造作に「あげるよ」と時計を差し出したという。多分娘への精一杯の、そして不器用なねぎらいだったのだろう。しかし細野さんは内心、「そんな時計をくれるより、スタッフを増やしてほしい」と思ったという。しかしもちろん、「社長」に面と向かってそんな要求はできない。父親でもあくまで社長だ。既に、細野さんの意識は「銀座あけぼのの社員」になっていた。

27歳で、企画室に異動となる。店舗ディスプレーや商品企画などを担う、同社の花形部門だ。しかし、「私が入った時は、年配の室長が1人いるだけでした。父の代は、各店舗のディスプレーに関しては、『次は、春らしい感じでやるぞ』と大雑把な号令をかけるだけで、詳細は各店の店長任せだったのです」

季節のキャンペーンや新商品発売の際も、全店舗で統一したキャッチコピーやポップを作るという発想がなかった。開店日や新商品発売の時に昔からつき合いのあるデザイナーが出向いていき、その場で手書きの看板を描く、という状態だった。

企画室に異動して1年後に細野さんは室長になり、いよいよ自分の発想で商品企画や宣伝を担当することになる。現在のように、統一したディスプレーを全国100軒の店舗で一斉に行うスタイルは、細野さんが始めたものだ。

自分で企画した商品に思い入れはあるが、大失敗もあった。「敬老の日に『ますますこれからまんじゅう』というのを企画したのです。枡の中におまんじゅうを詰めた商品でした」。祖母や祖父に「これからも、ますますお元気で」という意味合いを込めたもので、社内でも「これは当たる」と好評だったが、うまくいかなかった。理由は、日持ちしない商品だったこと。敬老の日に、直接祖父母に会いに行ける人ばかりとは限らず、遠距離で送りたい人もいる。しかし賞味期限が当日だったため、お客が買い控えしたのだ。

ヒットした商品もある。夏に出した商品で、シロップの中に梅、抹茶、漉し餡の3種類の水饅頭が浮いている「浮き浮きまんじゅう」だ。「ディスプレーから広告まで、すべて自分でやった商品が売れた。珍しく、コピーなどは外注して力を入れた商品なので、こんなにうれしいことはなかったです」と言う。細野さんが30歳の時だった。実は、この大ヒット商品の商品名を考案したのが、細野さんの今のご夫君である。

企画室長になった後すぐに、営業部長も兼務となった。企画室も人手が足りず、新卒や中途採用で、社員教育も一から行った。たった1人だった企画室のスタッフは、今では8人になっている。

銀座あけぼのは、3週間でディスプレーを替える。さらに定番商品のリニューアルを行い、新商品も多い時で1年に5～6個は出す。多忙な日々の中、34歳で結婚。しかしその頃になっても、「結婚したら、会社を辞めてもいいかなと思っていたんです」と、あくまでも仕事に欲がなかった。しかし、夫はコピーライターなので、自宅で仕事をする。そうなると、細野さんは外で働く方が夫婦としてはバランスがいい、と仕事を続けることになった。

さらに結婚3年目で、夫はあけぼのに入社することになる。「私が仕事の話をすると、夫はブランディングの専門家なので、あれこれと意見を言ってくれるのです。でも、口で言うのは簡単だけど、実際にやるのは大変なのよ……、といつの間にか口論になったりして。そんなこともあり、結局夫は会社に入ってくれたのです」。しかしこの頃になっても、細野さんには「自分が将来の社長」という意識は全くなかったと言う。

きめ細かな目標設定で社員の自主性を育てる

2004年11月、父である社長と蕎麦屋で昼食を取っていた細野さんは、突然こう言われた。「今後の役員会で、来期からお前を社長にすると言うから」。早すぎる引退のように見えるが、「この年の2年前に、母が亡くなっていたんです。父は、母が病に倒れてから1年ぐらいは、面倒を見てやりたいと言って会社にはほとんど出てこなかったのです」

役員会の席で初めて妻が社長になると聞かされ、細野さんの夫も驚いた。「主人や弟を社長にすることもできたのですが、何よりも『お菓子屋ということで、女性がいいと思った』と父は役員会で言っていました」と細野さんは言う。

「私は商品部長、企画室長、営業部長、店舗も工場も全部経験しています。また、銀座の商店会でも『社長の娘さん』ということで馴染みがあり、かわいがってもらえるなど強みもあると思ったのでしょう。主人がいて私を支えてくれるからと私を表に立て、『夫婦、兄弟みなで会社を盛り立ててほしい』と言い、父は本当にすっぱり引退してしまいました」

こうして三代目社長となった細野さんだが、彼女の経営戦略とはどのようなものだろか？ 細野さんは、2000年からインターネット上のショッピングサイト「楽天市場」に出店して、銀座あけぼのの商品の販売を始めている。

「これは、社員からやりたいという声が上がったものです」

ネット通販は、販路拡大だけでなくマーケティングにも利用できる。「新商品を開発するのに1年はかかります。日持ち、安全性、輸送に耐えられるかどうかのテストや、社内での試食なども行います」。楽天市場を通じてメルマガ会員となっている「あけぼの顧客」約1000人からモニターを募集して100人ほどにサンプルを送って試食してもらい、アンケート調査も始めた。

細野さんは店舗の社員300人に小さなノートを持たせ、お客からの声を漏らさず書きとめてもらっている。

「部長だけの会議では、リアルなお客様のニーズから離れてしまうこともあります。社員一人ひとりのノートから、今何が必要とされているかがわかるんです」

父親が社長の時代は「カリスマについていく社員」が求められた。しかし自分の代になってからは、何でもスタッフと話し合って決めていくのが細野さんのスタイルだ。３００人が提出するノートには、きちんと返事を書いているという。

女性活用も進めている。本社スタッフ50人中半数が女性。細野さんがビジネスの中心に参画してから、目立って女性社員が増えた。

「そもそも私がいた販売企画は全員が女性でした。弊社くらいの規模で社員を募集すると、優秀な女性がたくさん応募してくれます。女性パワーを活用することが、中小企業には不可欠なのです」

成績優秀なばかりではなく、女性には粘り強さがあると細野さんは指摘する。また、多くが男性という職人さんの懐に、するりと入り込むような仕事をするには、商品企画を女性が行うのが有利だ。時には気難しい職人さんたちと、うまく話をつけてくる女性が多い。

お菓子好きな人が多いのも、女性の大きな強みだ。「私も仕事というだけでなく、お菓子が大好きです。小さい頃から、父が持って帰ってきたお菓子を食べながら『これはおいしいね』などと意見を言い合うのが、我が家の一家団欒でした」と細野さんは言う。「面接の時に、お菓子が大好きという情熱を感じさせてくれる人がいますが、ほとんどは女性です。ただ、まれに男性でも『お菓子オタク』というくらいお菓子好きな人が入社してくることもあります」

さらにトレーサビリティについて開示を始めた。

銀座あけぼのは以前から、「自社製造のおかきは、宮城県産の宮黄金餅米しか使わない」という原産地主義を貫いている。

「うちではそれが当たり前だと思っていたので、商品に原産地を表示してきませんでした。祖父の代からのこだわりですが、江戸っ子というのは、あえてこういったことを言わないのです（笑）」

ところが最近は他社の製品で、原産地をアピールするのが流行っている。そこで、「江戸っ子の粋」には反するが、銀座あけぼのでも原産地の表示を始めた。そうしないとお客に「何も書いていないから、外米を使っているのかと思った」と言われてしまうからだ。

これまでの跡取り娘への取材では、「跡を継いだものの、古参の役員とうまくいかない」という話を聞くこともあった。若い社長になった彼女に、障害はなかったのか？　これについては、父が母の看病のために出社しなかった間、既に細野さん自身が会社を切り盛りしていた経緯もあり、「思ったよりも社内の受け入れはスムーズでした」という。

先代の父のやり方に真っ向から反発するのはだいたい男性で、私の知り合いの老舗の跡取り息子も、20代の頃は家を出たり商売を立ち上げたりし、家族との確執の末、今は家業に戻って落ち着いている。それに比べると女性の跡取りは、周囲とうまく折り合っていくタイプの人が多いようだ。無用な争いを好まない、女性ならではの「協調路線」なのだろう。また、大学卒業以来銀座あけぼの一筋のたたき上げでもある細野さんへの、周囲からの信頼も厚いのだと思う。

「しかし、ただ父の言うことを守るだけでなく、それ以上の結果を出さないと認めてもらえないことは覚悟しています」。では、細野さんと父親のビジネススタイルは、どう違うのか。

例えば春のディスプレーの企画が決まると、父親は「春らしい感じで」というイメージを伝えるだけだったが、細野さんの場合は「店舗のこのスペースにこの商品を置いて……」とシミュレーションを重ね、具体的な形に落とし込む。「具体的に明確に細かく指示していけば、どんな社員でもできるようになる。自分から発案する社員、指示待ちの社員、いろいろな社員がいますが、みんなが今いる位置からレベルアップしていけるよう、心がけています」

木目細やかなフォローで〝底上げ〟していく、というのは、女性管理職が得意とするところだ。今期の企画や収益目標なども、細かいスケジューリングで指示していくことで、社員にも「そこに向けて自分はこう動こう」という自主性が生まれる。こういった具体的で明確な彼女の指示は、社内でも歓迎されている。

「未来を大きな長いスパンで考えるのは父や男性にかないませんが、細かくスケジューリングして目標に近づくのが私のやり方です」と細野さんは言う。部下に対して大雑把にしか指示を出さない

豆大福

味の民藝

男性社員を見ると、イライラすることもある。
「もっと丁寧に指示してあげれば、できるのに……と思いますね」

跡取り娘の人を動かす話し方

細野佳代さんのリーダーシップは、跡取り娘の中でもぬきんでていると思う。それは、一見お嬢様に見える細野さんだが、新卒の工場勤務からのたたき上げだからだろう。社内にはかつては上司だった年配の男性社員もいるし、男性ばかりの職人の世界もある。

そんな彼女の話し方のポイントはどういうところか？

「やはり年配の男性には一番気を使います。私よりも経験のある人が多いので、『XXしてください』ではなく『XXしようと思うんですが』と相談の形で話します。私は本来はっきりとものを言うほうなのですが、社長の言葉の重みに気がついてから、先に結論をいわないよう、気をつけるようになりました」

それには苦い経験がある。ある男性スタッフに注意をしたら、辞めると言われて慌てて慰留した。よく気心の知れていた人だけに「まさか自分の言葉がそんなに重くとられたとは……」と、一管理職と社長の差を自覚した。

「叱るときには一対一で。特に男性はプライドを尊重します。褒めるときはオープンに大勢の前で。自分では気がつかないところを褒めてあげると、「私を見ていてくれる」と社員にもわかる。褒めていい人間関係をつくって、その人をよく見てちゃんと叱ることですね」

店舗に行くときも、必ず店舗の人たちが事前に準備できるように告知する。それは「褒める」ためだ。

「抜き打ちでいくと注意しなくてはいけない場面もでてくるでしょう。それはしたくないんです。営業部長時代に売り上げの伸びない店舗を一日ビデオに撮って、改善点を注意したんです。そうしたら言えば言うほどみんなの顔が暗くなり、お客様が入らなくなった」

褒めると顔が明るくなってお客様が入る。「褒めた方が売り上げがあがる！」と気がついたのだ。社長になって「褒め上手」「聞き上手」になろうと思った。

「悪いことが起きても報告できる体制作りが必要です。忙しくても何か言いに来たら、目を見て対応する。起きてしまったことは叱らない。よく言ってくれたとねぎらい、一緒に解決策を考えます」

社長として目標に向かってみんなを鼓舞するようなシーンでも、細野さんは一方的に結論を押し付けずに、社員にも目標を出してもらう。例えば売上目標が、15万円なら、細野さんはもっと高い50万円を目指す。ストレス耐性の強い人も弱い人もいるから、むやみに叱咤激励して追い込むのではなく、手変え品変え、しつこく言い続けるのが細野さん流だ。「こうしたらどうかしら。一日だけ試しにやってみようよ」とあれこれ言い続けているうちに、15万円の壁を越える。越えると次の壁も越えられるとみんなに自信ができるのだ。「褒める」「まず聞く」「追い込まない」「言い続ける」が細野さん流の人を動かす話し方なのだ。

２００７年で社長就任3年目を迎えた細野さんだが、今後の目標を聞いてみた。

「弊社は１００円から商品があるので、和菓子を通じて１００円で〝日本〟を体感できるんです。すごいと思いませんか？　若い世代にも和菓子の素晴らしさを伝え、心を満たされるような時間をつくるお菓子を売っていきたい。日本文化に根ざした、世界に誇れるようなブランドにしよう、と主人といつも話しています」

最近は洋のパティシエが和の素材を使って作ったわさびチョコレートや、抹茶、和栗、紫芋のケーキなどを見かけるようになった。こうした洋の世界の攻勢には、どんなスタイルで対抗していくのか。洋を取り入れる路線もあるのか、という問いに、細野さんはきっぱりと首を振った。

「洋菓子が和テイストになったからといって、逆は絶対にしたくないのです。私たちはあくまで和でいきたい。ただ、若い人にも気軽にカフェで〝和のデザート〟感覚で食べてもらえるようにはしていきたいと思っています」

例えば玉川高島屋ＳＣの店舗で出す、「究極の寒天」を使ったデザート。寒天を龍泉洞（岩手県）の水で煮出して極限までゆるい寒天を作り、その上に秋ならカボチャ餡をカボチャの形にして載せる。とろけるような食感と和菓子らしい季節感が好評だ。

寒天と小豆と砂糖ともち米だけで作る「究極の最中」を2007年9月より販売開始した。厳選された素材でよりシンプルに。細野さんの理想の和菓子は和のミニマリズムを目指しているようだ。食器やお茶にもこだわった和テイストのカフェの運営が、当面の夢だという。

「私は、商売熱心だった祖母に似ていると言われます」

銀座あけぼのは、祖父と祖母が焼け跡から銀座、赤坂、浜町に立ち上げた。祖父は相当変わった人だったそうで、お客が「こういうものを探している」と言うと、「じゃあ、明日までに仕入れておきます」と言って工夫して作ってしまう。三つの大豆を海苔で巻いた「山海豆」という商品がそれである。米菓も始め、当時からバームクーヘンも売っていたという、新進気鋭の人だったようだ。

しかしこの祖父は、細野さんが7歳の時に亡くなっている。細野さんの思い出の中では、祖母の姿が鮮やかだ。「一緒に銀座に行ったり、よく母と3人でお雛様のあられを混ぜたりしました」

「後継とは一種の文化」という言葉が、野村進さんの『千年、働いてきました　老舗企業大国ニッポン』にある。この本によれば、老舗の後継者は「跡継ぎになれ」と言わなくても、3世代、多世代同居をして祖父母や両親を見て育つと、自然に後継者になっていく文化があるのだという。

細野さんと会って、この本の言葉がとても腑に落ちた。細野さんのような後継者が、女性だからといって排除されることなく、これからは続々と誕生していくのも一つの文化になっていくのではないか。跡取り娘を取材していくうちに、そんな気持ちを強く持つようになった。

「……いろいろな社員がいるけれど、みんな今いる位置からレベルアップしていけるよう、心がけています」という細野さんの言葉は、女性管理職らしい。

そしてまた、細野さんが最初に働いた工場で障害のある人を雇用したのは、細野さんの母親の発案だと言う。

「3歳下の妹がダウン症なのです。妹がちゃんと働けるような場所をつくろうと、母が中心になって銀座あけぼのの中に障害者の働ける工場をつくりました。今は父個人が、社会福祉法人も立ち上げています」

たとえ能力差があっても、誰にも働く場所があって当たり前。そんな家庭で育まれた細野さんだからこそ、「明確に具体的に細かくフォローし、誰もがその仕事ができるようにする」という発想が持てるのだと思った。

（写真：皆木優子）

人気パン屋さんの秘密
小さな「改善」を積み重ねた東京ミッドタウン店

パン屋3代目

浅野屋　代表取締役社長

浅野《あさの》まきさん

1969年東京生まれ。浅野屋2代目、浅野耕太の長女として生まれる。清泉女子大学卒業後、丸紅に入社。紙パルプ部に勤務する。1998年、浅野屋に取締役として入社。2006年7月、代表取締役社長に就任。日本ソムリエ協会認定ワインアドバイザーの資格を持つ。

２００７年3月30日、三井不動産が六本木防衛庁跡地に開発した東京ミッドタウンがオープンした。開業1カ月の来場者は４８０万人、ゴールデンウイークは9日間で１５０万人、平日でも12万人が訪れるという人気スポットだ。その一角、六本木交差点から乃木坂に向かって歩き、ボッテガベネタを通り越したガレリア1階に人気のパン屋、浅野屋東京ミッドタウン店がある。オープン当日や連休中は、1日に１４００人ものお客が訪れたこともあるという。

ガラスのショーケースにはこんがり焼けたデニッシュが並び、パンを求める客が常に列を作っている。奥には本格的なピザ釜のあるブラッスリーもあり、午前4時まで営業している。東京ミッドタウン店開業までの間、文字通り東奔西走していたのが、同社の跡取り娘、２００６年7月に浅野屋代表取締役社長に就任した浅野まきさんだ。

軽井沢に旧道店、白樺台店、信濃追分店、東京には自由が丘店、松屋銀座店、東京ミッドタウン店と6店舗を構える浅野屋。夏季営業の軽井沢店では、レーズンパン「軽井沢レザン」を求めて並ぶ観光客の姿が夏の風物詩にもなっている。

私が小中高と通っていた母校が四谷にあるが、この校舎の裏にかつての浅野屋本店があり、購買部にも納入されていた。浅野屋は、10代の私の旺盛な食欲を満たしてくれた、懐かしいパン屋さんでもあるのだ。生地がふんわりとして、おいしかった記憶がある。今から30年も前の話だ。

しかし、母校近くの小さなパン屋だった浅野屋が、軽井沢に大きな店舗を構え、デパ地下にもどんどん出店していくのを見て、大躍進の秘密はなんだろう、とずっと不思議に思っていた。今回の取材で、浅野屋の興味深い歴史を跡取り娘の浅野さんに初めて教えてもらった。

浅野屋の歴史は古く１９３３年にさかのぼる。意外にもパン屋としては軽井沢店が事始めだった。

「祖父の浅野良朗は石川県から16歳で東京に来て、食料品店に11年間勤めてから、麹町に浅野商店を開業しました。戦前から軽井沢で、在日大使館や外国人の食糧配給所を外務省から委託されていたのです」と浅野さんは言う。

現在地価が高騰している別荘地軽井沢を拓いたのは、外国人宣教師。外国人のためにパンを売ったのが、浅野屋軽井沢店の始まりなのだ。

祖父は食料品店を中心に商売をしていたが、父の浅野耕太はパン製造業に力を入れた。１９７６年に四谷店を開業し、２つのパン工場を作った。それが、私の女子高時代の思い出の浅野屋だったのだ。１９７９年、浅野さんが10歳の時に、38歳の父はブランジェ浅野屋を設立し、四谷店はブランジェ浅野屋四谷店となった。

浅野さんの古いアルバムを見せてもらうと、幼少期の写真に交じって懐かしいセーラー服の制服を着た姿があった。浅野さん自身も私の母校の後輩で、幼稚園から入学したのだ。浅野屋は、彼女が在学中、学校指定のパン屋さんだったそうだ。

「父は新しいものを取り入れるのが早い人でした。スペインのサラゴサのファルファス社の石釜とか、天然酵母のパンなどをいち早く導入しました。小さなパン屋の頃から、機械も妥協せずにいいものを使い、手作りと機械のバランスのいい、おいしいパンを作れるようにしていました」

浅野屋の歴史を追っていくと、バブルの1983年から急速に拡大していく。軽井沢にレストランを作り、夏季営業から通年営業に。また四谷にビルを建て、深川工場を稼働し、ホテルやレストランにパンを納入するようになる。その頃の浅野さんは清泉女子大学の体育会テニス部の元気な女子学生で、92年に丸紅に入社し、華やかなOL生活が始まった。

「いわゆる、バブル後期のOLです。紙パルプ部の担当に配属されましたが、仕事は決して楽ではなく、毎月100時間ぐらい残業しました。あとは飲み会、食事会、ゴルフに海外旅行……。ある意味、バブルを謳歌していましたね」

マガジンハウスが首都圏のOLをターゲットに『Hanako』を創刊したのが89年だから、まさに浅野さんは「Hanako族」である。兄がいたので、跡取りになるという意識はなかった。なにしろ食べることが大好きだった。家族は年1回はイタリアに行き、チーズやパン工場、ワイナリー、レストランを訪ね歩く「食の旅」をしていたほどだ。

どうせ飲み歩いているなら、と96年にはワインアドバイザーの資格を取る。その時のワイン仲間を中心に、飲食業界の人とも急速に親しくなった。1年365日のうち360日は外食しているような、「食仲間」ができる。

「食のプロも他業種の人もいましたが、みな食への情熱がすごいのです。私も料理をデジカメで撮影したりワインの名前をメモしたりして、『食メモ』を作りました」

その間も浅野屋はめまぐるしく工場を移転したり、レストランなど新規事業に進出したりと、多角経営を進めていく。だが、必ずしも成功ばかりではなく、商業施設内の店舗に出店して失敗したこともあった。

「バブル期は多角経営で広げてはしぼみ、また広げて……といろいろやりました。そのうち、私もワインのことで口を挟んだりして、徐々に会社に関わるようになったのです。だんだん『私が手伝った方がいいかな』という雰囲気になりました」

ついに浅野さんは、1998年に取締役として浅野屋に入社。兄がその前に入社していたが、父親とソリが合わずに退社していた。そこで「チャラチャラとOLをしていた」浅野さんに、白羽の矢が立ったのだ。

「最初は跡取りとしてというより、周りの社員と馴染んでどのくらい仕事ができるか、父に試されていたのだと思います。営業企画で父のサポートをしながら、軽井沢店の繁忙期には毎年店にも立ちました」。まず現場を知らなければ、というのが父親の教えだった。

浅野さんが食の業界に入ってからは、それまでに構築した「食仲間」のネットワークが強い人脈となった。食べ歩きの経験も、血肉になっていた。バブル期のOLは、伊達には遊んでいなかったのだ。

営業企画の仕事は、売り上げ人気ランキングデータやお客の意見など、毎日上がってくる日報にすべて目を通すこと。また、浅野さんはマニアックなほどの雑誌好きだという。「20代向け女性誌の『ＣａｎＣａｍ』から、料理雑誌の『料理王国』、業界誌まで多くの雑誌に目を通しています。食だけではなく、世間のトレンドも見るようにしています。うちのお客様は20代からお年寄りまで幅広いので、例えば20代の子がコンビニで何を買うかというデータも、参考になるんですよ」

父親はカリスマ経営者で、直感で新しいものを取り入れて浅野屋を大きくしていった。しかし娘のまきさんは情報収集型で、ランキングなどデータ重視型である。

「製造責任者や店長の商品会議に参加するようになったのは、私の代からです。製造、販売の両方で議論していきますが、私が外国で見たパンをデジカメ撮影して、『こういう商品はどうか』と社員にメールしたりします。社員はみな忙しいので、私が情報収集・伝達係なんです」

もともと仕切り屋で、人の面倒を見るのが好きな浅野さん。食仲間との旅行や社員との海外視察旅行では、添乗員のように細かくスケジューリングするそうだ。

「旅行先のおいしいお店に皆を連れて行くために、事前に現地の知り合いにしつこくメールして情報をもらったりします」

２００３年、浅野屋の銀座松屋店がリニューアルした。その頃から浅野さんは、店のレイアウトなどほとんどの企画を決めるようになる。スペインやロンドンを視察して、商品のパッケージのアイデアを決めるなど熱心に取り組んだ。

「デパ地下には、ほかのパン屋さんもたくさんあります。うちだけにお客様が来るのではなく、『共存共栄』がモットー。魅力的な場所なら多くの人が足を運び、そのうち何回かに1回はうちで買ってくれるようになるでしょうから」

再開発が進む丸の内では、三菱地所の社員が「点で勝つより面で勝て」と口にしているが、浅野さんも同じことに気づいているのだ。

その頃から浅野さんの父親は、相談相手にはなってくれるがあくまでも浅野さんを見守る立場となった。浅野屋の世代交代は徐々に進み、2006年オープンの自由が丘店は、すべて浅野さんの企画によるものとなった。

2006年は、浅野さんにとって激動の時期だった。徹底的な経営改善の必要に迫られたからだ。

「バブル崩壊後の不採算部門整理をやらなくてはならなくなりました。漫然と経営できる時代ではなくなったのです」

父親は、不採算店でも頑張って存続しようとするタイプ。しかし浅野さんは、常に収支をチェックし、「感覚」では商売をしない。「父はロマンを求め、私は現実的に。親子でバランスが取れているんです。父を説得しつつ、不採算店は徐々に統廃合していきました」

２００６年10月には都内と軽井沢のレストランを閉店し、母校近くのブランジェ浅野屋四谷店も閉めた。

そこには、「跡取り娘」ならではの強みがあったと浅野さんは言う。

「父はカリスマ経営者でしたが、手放す時は潔かった。私を信頼して任せてくれました。これがもし息子だったら、対立したかもしれない。私が娘だったから、うまく父と調整ができたのだと思います。社員も、父の説得は私の役目と思っています」

浅野さんより古い社員も、人一倍食への情熱がある元気な跡取り娘を、すんなりと受け入れてくれた。「みんな昔から知っている人ですし、浅野屋がよりよくなるために、時間をかけて一緒に変わっていこうという目的を共有しています。今が終着点でなく、祖父から父へ受け継がれたように、何十年先も愛され続けるパン屋でありたいのです」

こうして２００６年7月に浅野まきさんは3代目社長に就任したのだ。

「私は、男の子のように自由に育てられました。今の自分があるのも、親の理解ある放任主義のおかげだと思います」と語る。

跡取りを意識せずにバブルを謳歌していたＯＬ時代だったが、思えばその頃に、跡取りとしての浅野さんの土台はできていた。

女性の中には、企業内でキャリアを積まなくても、プライベートでの人脈構築や情報収集・分析力に長けている人がいる。バブル期に「Ｈａｎａｋｏ族」と言われたＯＬたちがそうだ。料理店の開拓や海外旅行のスケジューリングなどに、卓越した能力を発揮する。

コミュニケーションもうまく、会の幹事も得意な女性たちのこうした能力は、広告代理店やマスコミに勤めていれば十分に生かされる。しかし企業でこの能力を生かせなかった場合、退職後にママさんコミュニティーを上手に運営したりして力を発揮するものだ。

浅野さんは、それまでに培ったネットワークや感性を、家業に入ることで、マーケティングや経営企画に思う存分生かせたのだと思う。新しい出店や取引先開拓の際も、食を通じた彼女の人脈がものを言った。

浅野さんが経営に参画してから、浅野屋はどう変わったのか？　浅野さんが最も注力するのが、社内の情報共有だ。浅野屋の正社員は約80人、アルバイトやパートも入れると２００人いる。本社スタッフは15人で、新製品を企画する商品会議には、製造と販売の責任者10人が集う。

「スタッフは東京と軽井沢に散っているので、私の役目は『メーラー』です。様々な情報を共有するために、あちこちにメールを送りまくっています」。例えば、新しいデニッシュを開発する時は、何通りもの大きさの試作品を作ることになる。「新規出店までは毎週商品会議をしますが、『私はこういう商品を作りたい』などと、会議メンバーにしつこく何度もメールするのです」

東京ミッドタウン店のオープンに合わせて作った「スリジェ（桜）」というパンは、バゲットを桜の形にしたもの。浅野さんのリクエストを、全員が頭をひねって商品化したのだ。

銀座の和菓子屋あけぼのの4代目の細野佳代さんも、「自分の目標があると、『こうしたら、うまくいくのでは』と社員にしつこく何度も伝えることで、達成できるものです」と言っていた。2人の跡取り娘のマネジメント手法は、よく似ているようだ。

「父は、やれと言ったらトップダウンで指示する。私の場合は、しつこくみんなにリクエストするのです。協調的なのでしょうか」

浅野さんの代になってから商品開発にも力を入れ、店の棚に並ぶパンの数は格段に増えた。今は定番が30種類。店頭には常に60～80種類の商品が並ぶ。

情報共有の際に一番大事なのは、「悪いことほど、早めに報告すること」だそうだ。

「お釣りの計算ミス、商品入れ忘れなどのクレームは、どんな小さなことでも、メールで全員が情報共有するようにしています。メールなら、言った言わないというトラブルもない。もちろん現場でも話をしますが、すぐにメールを全員に送ります」

父の時代は、良いことはすぐ上に報告するが、良くないことは報告が遅れることが多かった。浅野さんの代になり、風通しがよくなったのだ。

情報共有にこだわるのは、日々の改善意識があるためだ。売り上げの数字は毎日上がってくる。時間当たり、どれだけの人が何を買ったかすぐにわかる。非効率的な部分を正せば、売り上げは確

軽井沢ブランドのパン

東京ミッドタウン店にて

実に上がる。

「軽井沢の繁忙期には、1日何千人ものお客様がいらっしゃいますが、冬は100人以下になることも。どうすれば全店舗で効率よく売り上げられるか、常に改善を考えています」

浅野屋は対面販売だ。現場の失敗から学び、情報を共有し、具体的な改善点を整理してマニュアルに落として共有する。例えば銀座松屋店は、リニューアルで店舗面積は小さくなったが、収益は上がった。

「レジの場所など店内レイアウトを変えるとか、袋やトング（パンを挟む道具）などの販売用ツールをどこにしまうかなど、小さな工夫を積み重ねていくのです」

東京ミッドタウン店の3台のレジは可動式で、客数に合わせて移動できる。これには浅野さんは設計段階から加わり、「番重（パンを入れるプラスチック製コンテナ）が何枚積めるかにこだわった」という。パンの焼き上がり時間をずらし、焼き立てを提供できるよう、ストックできる番重の枚数が効率化とサービス向上につながる。

今までの店舗での試行錯誤が、自由が丘店と東京ミッドタウン店には生かされているのだ。効率を考え抜かれた店内レイアウトなら、製造も販売も確実にやりやすくなり、顧客満足度につながる。

「1回来ていただいたお客様に、残念な思いはさせたくない。『常に正確に早く』が基本です。こういった訓示を朝礼で唱和したりはしませんが、スタッフがミスをしたら、そのたびに必ず確実にやり直すように指導します」

ブランド戦略としては、父の時代から「軽井沢レザン」などでイメージ構築していた「軽井沢色」をいっそう強く打ち出す。

「軽井沢シリーズの一環として、量り売りのパンは軽井沢ショコラ、軽井沢キャラメルなどブランド化しています。東京ミッドタウン店のブラッスリーでも、信州豚のグリル、軽井沢ベーコンや星野温泉の地ビールを出しています」

浅野屋のシンボルである「おじさんマーク」も、キャラクターとして生かすため、パンの袋にデザインした。ブランドマーク袋を持った人がいれば、認知度アップにつながる。自由が丘店開業時には、白地に赤のマークのトートバッグをノベルティとして配った。

「東京ミッドタウン店では、ノベルティのバッグは黒地に金にしました。シックにしたかったのと、今は、〝シャイニー系（光り物）〟が流行ですから」。さすが浅野さん。おっしゃるとおり、ファッション業界では、２００７年の靴やバッグはゴールドが流行なのだ。

新規採用にも毎年力を入れるが、人集めは頭が痛い。製造部門はラインで流す大量生産ではないだけに、職人が一人前に育つのは時間がかかる。

「最近は専門学校卒でも正社員になりたがらない人も多い。高卒の人の方が、よほど頑張っている場合もあります。うちではアルバイトでもやる気のある人は店長にして、アルバイト店長も誕生しています」

浅野さんが一緒に働きたい人は、「職業意識のある人」だ。「私たちはパンを作って買っていただいて、日々生活が成り立っている。それをわかって働いてくれる人がいいですね」と言うのだ。

「パンは生き物です。同じように作っても、季節や天気によって出来上がりが違う。長時間発酵をさせ、手間隙かけて作る。製造担当者は、そのことをわかって作ってほしい。また、販売担当者は、そうして頑張って作っていることを受け止め、一生懸命売ってほしいのです。うっかりパンを落としてしまったら、ポイと捨てるのではなく、『もったいないことをしてごめんなさい』という気持ちを持ってほしいのです」

こういう話をする時の浅野さんの目は、本当に真剣だ。やはり「ものづくり」に関わる人だなあと思う。カフェやレストランもあるが浅野屋はやはり、製造業なのだ。

「でもこの仕事をしていて、やるせない思いに駆られることもあります。飽食の時代でありながら、一方で世界には満足に食べることもできない子供たちがいますよね」

毎日多くのお客が訪れ、パンが売れていく。店頭に並ぶ70種類のパンも、トレンドに合わせてめまぐるしくメニューが変わる。東京ミッドタウン店の下は、24時間営業の巨大マーケット。まさに飽食の時代の現場にいるのだ。

浅野屋では、孤児院や教会の施設にパンをプレゼントすることもある。企業としてできることから、社会貢献をしているのだ。最近は環境問題にも気を使う。「ゴミを出す企業として、考えるべきことがたくさんあります。昨年からは、紙の手提げ袋を有料化しました」

レジ袋をもらわない客にポイント加算するサービスも始めたが、運用が難しかった。買うパンは1個でも3個でも1つの袋に入れるが、ある客に「パンを3個買って袋をもらわなかったら、3ポイントつくはずじゃない」と怒られたのだ。今は、新しいやり方を模索中である。顧客満足度アップとエコロジーの両立に悩む、浅野さんである。

今の生活の中心は仕事。多忙のため、趣味の食べ歩きの機会も減った。「悲しいけれど、趣味は仕事です（笑）。あとは歌舞伎鑑賞。市川海老蔵が好きで、襲名の時はパリと九州以外は全国の公演に行きました。酒井順子さんの『負け犬の遠吠え』を読んだ時、これは私のこと?と思いましたよ」

現在付き合っている恋人はいるが、結婚などの既成概念にとらわれたくない。

「彼も食関係の人なので、仕事の悩みの相談にも乗ってくれます。もし結婚したくなったらすればいいし、子供も自然に任せればいいと思っています。でも、今でもこんなに忙しいのに、子育てと両立できるのか。私、あまり器用な方ではないですし……」

「小さな会社ですが、何年かかってもいいから、試行錯誤して理想に近づいていきたい。いつも、『これが終点じゃない』という改善意識を持っていたいのです。毎日同じように作っても、パンはそのたびに違う。同じパンをずっと買ってくださるお客様をがっかりさせたくない。今日はいいものが作れた、素敵な接客ができた…。社員のみながそんなふうに少しずつ前進していければ、と思っています」

まだ浴衣も自分ひとりでは着られない浅野さんだが、夢は着付けを習って、自分で着物を着て歌舞伎に行くことだそうだ。自由が丘、六本木と出店は一段落したが、次は各店舗を回りたいという。和服姿で優雅に歌舞伎鑑賞をする日は、まだ少し先になりそうだ。

（写真：山田愼二）

第三章◆伝統文化の守り手として

日本の伝統産業は不況の〝失われた10年〟ですっかり疲弊してしまった。先細りとわかっている業界に果敢に挑戦する跡取り娘たちがいる。伝統産業の技術とは一度失われてしまったらとりかえしがつかない貴重なもの。古臭い家業を嫌って出て行っても、彼女たちを家業に引き戻すのは、ＤＮＡのなせる業かもしれない。

「粉末醤油」が世界のシェフをうならせた

醤油屋17代目

かめびし　常務取締役

岡田佳苗《おかだかなえ》さん

香川県生まれ。上智大学国文学科卒。大学4年で米国カンザス州セントメアリーカレッジへ交換留学。1991年に国際交流基金に就職。1994年に退職し、父の跡を継ぐべく実家に戻り、かめびし17代目修行中。伝統のむしろ麹製法を守りつつ、革新的な提案も行う。

ニューヨークのスターシェフ、ジャン・ジョルジュのフレンチレストランで、1人の日本女性が食事をしている。「お味はいかがでしたか？」とやって来たマネジャーに、彼女は流暢な英語で食材や料理の感想を述べる。その的確さに、相手は驚くかもしれない。いったいこの女性は何者なのか？

頃合いを見て女性がおもむろに取り出すのは、「ソイソルト」というシーズニング。醤油からフリーズドライした自社製の粉末調味料だ。既にソイソースは全世界レベルの調味料として認知されているが、液体ではない醤油とはどんなものだろう。興味を覚えたシェフが、彼女をキッチンに招く……。

海外の有名レストランで、そんな飛び込み営業をやってのける女性は、香川県の醤油屋かめびしの17代目、常務取締役の岡田佳苗さんである。

「短時間でどれだけプレゼンできるかが勝負です。最初から面白いと思ってもらうために、顆粒という新しい形にこだわりました。醤油屋が液体の醤油を持っていっても、相手の興味をひくのは難しい。だから形を変える必要があったのです。開発に3年かかりましたが、海外を回っていると、一流のフレンチやイタリアンのシェフほどいい反応が返ってきます」と岡田さんは言う。

かめびしはもともと高級醤油で知られているが、2年前から製品ラインアップにのせたソイソルトは、既にインターネットでの売り上げが社全体の1割に達している。米国では高級レストランで使われ、アルカンという会社から、西欧のプロの料理人に向けたブランド「かめびし屋 PETALE de SOJA（ペタル・ド・ソジャ）」として、2007年3月末よりフランスへ輸出開始した。日本でもレストラン「KIHACHI」の熊谷喜八さん、リストランテ「アルポルト」片岡護さんなど、ソイソルトのファンの料理人は多い。

「世界でも醤油の評価は高いのです。でも日本人にとっては、お馴染みの調味料でしかない。水より値段は安いし、ワインのようにランク付けもない。いつも料理に使っているのに、醤油が何からできているかも知らない人も多いのです」と岡田さん。「家庭のキッチンの隅にあった〝調味料〟から、ソイソルトという形で食卓に登場することを1つの窓口として、醤油の認識自体を変えていきたいんです」

今回の取材では、事前にかめびし醤油のプレゼン用DVDをもらっていた。かめびしにほれ込んだ、岩波映像の元監督、山口豊寧さんが1年かけて作った作品「むしろ麹～風の港のしょう油づくり」（問い合わせ先：教配）を、15分にまとめたものだ。英語版もある。営業マンとしての岡田さんは、このDVDとソイソルトを持って海外を駆け回る。

10月、金木犀が香る季節に、香川県東かがわ市引田にあるかめびしを尋ねた。宝暦3（1753）年創業とあるように、讃岐に伝わる伝統的な「むしろ麹《こうじ》」という醤油の天然醸造を、250年以上頑固に守り続ける醤油屋だ。「むしろ麹製法」を使っているのは、今や全国でもかめびし1軒だけだという。

高松空港から高速で1時間。引田は風情ある町並みが残る、風待ちの良港。赤く塗られた欄干の橋を渡ると、ひときわ目立つべんがら色に塗られた漆喰壁が、かめびしの「もろみ蔵」である。

「敷地をぐるりと15のもろみ蔵が囲んでいます。100~200年は経つ蔵で、建て増ししていったので、動線がすごく使いづらいんですよ」と岡田さんが言うように、敷地内は複雑に入り組み、パイプが高い天井を走る。これが麹ともろみのパイプだ。

端の方では醤油のびん詰め作業の機械が稼働している。赤い壁に生えるようにところどころ花が咲き乱れる庭があり、手入れの行き届いた美しい屋敷だ。かめびしの人たちに、長年大切にされてきたことがよくわかる。

「これが麹室です。外気の温度が30度以下になると仕込みができるので、秋から春にかけてが仕込みの季節です。温暖化で、作業ができる時期は年々短くなっています」

168枚のむしろに、蒸した大豆と炒った小麦を丁寧に広げる。14段に積み重ねて、あとは4日間寝ずの番で育てられた麹は、4日目の朝、こはく色のふわふわの玉となって熟成する。その作業は4日ずつ、春まで淡々と繰り返されるのだ。

その麹を塩水と一緒に100年以上使っている杉桶に仕込むともろみとなる。納得のいく醸造には、最低2年。時には10年の時間をかける。その間に、築200年の蔵の壁に棲みついた230種類の酵母や微生物が、深いうまみを作り出すのだ。それを絞って漆黒の醤油ができる。

DVDで予習して頭では分かっていたが、実際に現場に立つと圧倒される。特に圧巻だったのはもろみ蔵だ。天井の低い部屋に杉の板の床が張られ、2メートルほどの丸く深い穴がいくつも穿たれている……、そんなイメージだ。その深い穴が杉桶である。

杉桶は埋め込まれているので全容は見えないが、漆黒のもろみを抱いた桶は2メートル半の深さがあるという。ここに落ちたら、と思うと、桶と桶の間の30センチほどのすき間を渡るのも足がすくむ。

「私も3歳の頃に落ちて、一番古い職人さんに助け上げられたことがあるんですよ。塩分があるので最初は浮いているのですが、もがくほどずぶずぶはまっていくんです」

切り立った桶の内側は、落ちたら1人では登れない。作業はチームで行うという。天井から下がる2メートルほどのステンレスの棒にエアーが通っていて、それを桶に突っ込むと、重みのあるもろみがボコッボコッと盛り上がって攪拌されるのだ。夏になるともろみ蔵の温度は40度にもなるので、夏の攪拌作業は2時間が限度。それ以上続けると、大の男でも倒れるほどだ。

「これも大変な力作業です。昔は鉄の棒を使っていたのをステンレスに代えてだいぶ軽くしましたが、エアーの量を間違えると飛び散るし、少ないと混ざらない。私も最初のうちは、棒を桶に入れていても『そんなのは混ぜているうちに入らない』と、古い職人さんに怒られていました」

家業を継ぐと決めた13年前、岡田さんは3年かけて、すべての工程を職人たちと一緒に行った。大豆の袋を背負い、冬場の寒い時期、麹の寝ずの番をし、杉桶を混ぜ、醸造したもろみを布に広げて絞り、屈強な40、50代の男性に交じって立ち働いた。いくら手袋をしても、塩分で手の皮がペロリと剥ける。それでやっと一人前、という過酷な現場だ。

「女性には蔵の跡取りはできないと、誰もが言いました。跡取りとして必須だったんです。同じレベルで全部の仕事をできないと、職人さんは納得しない。すべての作業をすることは、跡取りとして必須だったんです。その頃は、スカートは一切はきませんでした。男に伍して弱みを見せまいと、本当に突っ張っていたんですよ」

その頃の岡田さんは、どんな顔をしていたのだろうか。事前の取材で、東京で会った時の岡田さんと、引田での岡田さんは、少し顔が違う。東京でビジネススーツ姿だった岡田さんは、キリリと有能なキャリアウーマン。引田では、語尾の優しい讃岐弁も出て、表情も柔らかい。

「朝全部の蔵に入って、どの桶を攪拌するか決めるのも当主の仕事です。朝蔵に1人で入ると、この蔵には何か、神様がいるなあ、と思うんです。思わず『おはよう』と言いたくなってしまう雰囲気があるんですね。夏場は、プチプチともろみが発酵する音があちこちで聴こえます。ほら、今もプチッて言ったでしょう?」

深い桶の脇に膝をついて、もろみの声を聴こうとする岡田さん。四季折々の空気や温度、微生物や時間、自然と一体となってものづくりをする彼女は、「自分たちの力はほんのわずかなものに過ぎない」という。シンとした蔵は、声をはばかるような荘重な雰囲気すらある。この感じは何かに似ている、と思ったら、西欧で訪れた小さな街の教会や、お寺のお堂の雰囲気だった。この蔵に確かにあるものを、岡田さんは日々肌身で感じているのかもしれない。

そんな岡田さんも、小さい頃は家業がイヤで仕方がなかったという。

「我が家はいつも、醤油の匂いがぷんぷんしていました。父の車にも醤油の匂いが染み付いて、作業着の洗濯物も茶色い。『私の下着をお父さんの洗濯物と一緒に洗わないで』と言って、母に叱られたこともありました」

そもそも岡田さんの子供時代、醤油業界は1970年代初めの「大変換期」を迎えていた。麹作りの機械化が促進され、冬場しかできなかった麹の仕込みが通年できるようになった。設備投資が高コストなので、醤油屋は組合をつくって機械を購入し、協業化が進む。中には、醤油づくり自体をやめる蔵も増え、業界の集約化が起きた。さらに、もろみの天然醸造も機械化された。屋外の発酵タンクで温度調整が容易にできる、大量生産の時代となったのだ。

「父も一度は単独で機械化にトライしました。でもやはり、これまでのかめびしと同じ味ができなかった。小粒でも個性を発揮して生き残るには、独自性を持つこと。麹の生産をやめてはダメだと思ったそうです」

こうしてかめびしは、日本で唯一の「むしろ麹の製法を守る醤油屋」として業界の集約化に巻き込まれなかった。周りからは「間違った選択だ。岡田さん、つぶれるよ」と言われたが、父は頑として大手に飲み込まれず、業界再編に生き残った。独自路線のおかげで高級醤油ブランドとして特化したが、醤油の消費量自体が減り、経営は厳しかったという。

「当時の食卓では、家業をどうするかという深刻な話し合いがいつも行われていました。両親の苦労を横で見ていた私には、醤油づくりは楽しい仕事とは思えなかった。自分の職業選択には全く入っていなかったのです」。

上智大学に進んだ岡田さんは、国際交流の仕事に魅せられた。当時の上智は緒方貞子さんも教壇に立っており、キャンパスの雰囲気に触発されるところは大きかったという。

大学4年生の時にカンザスに1年間留学し、寮生活をした時のこと。岡田さんが自分の家の醤油で料理を作って友人にふるまうと、皆誉めてくれた。家業について話すと、「あなたの家は230年も歴史があるの？　米国よりも古いね。そんな家に生まれたことは宝物じゃない？」と、米国人の同級生は目を丸くする。

「それまでマイナスのイメージしかなかった自分の家業に、初めて別の光が当たった瞬間でした。自分の生まれ育った環境が外からはそう見えるんだ、と認識したんです」

この時はまだ外の世界への興味が勝っており、家業を継ぐことは考えなかった。

しかし卒業式の日に祖母が入院。岡田さんは実家の引田に戻り、家業の経理を手伝いながら、2

年間祖母の看病をする。幸い祖母は回復し、志半ばだった岡田さんは再び東京に戻った。特殊法人国際交流基金の中途採用に合格し、事業部展示課に配属される。

「配属先で、カルチャーショックを受けました。私はアートは好きでしたが、ずぶの素人。なのにほかの人は皆、歌舞伎の通、相撲のオタク、キュレーター上がりや5カ国語の達人など、すごいメンバーばかりだったのです」

最初の仕事はベネチア・ビエンナーレの建築展の撤収作業。建築家の磯崎新さんなど、一流のプロフェッショナルたちと直接やり取りする仕事だ。

「私は中途だから、それなりのスキルがあると思われていました。でも自分は、日本文化をどれだけ知っているのか……。食文化展示の企画をしたのですが、家業である醤油のことすら全く語れなかったのです。ただの〝語学屋〟の自分が恥ずかしく、コンプレックスで落ち込みました。同時に、持って生まれた家業を放り投げてしまって本当にいいのか、と悩むようになりました」

基金に就職して3年目。結婚して子供が生まれ、育休中に考える時間もできた。岡田さんはついに、引田に戻る決意をする。

「子供ができて、自分はこの子に何を伝えられるのかと思った時、家に戻る決心がついたのです。これから家業の醤油づくりにチャレンジするのは大変なことだとは思いましたが、トライしないで諦めるのはイヤだ。ベストを尽くせば、悔いも残らないと思ったんです」

1994年、岡田さんは引田に戻ることになった。娘が0歳の頃である。

醤油の認定基準や資格づくりも視野に

創業250年の醤油屋かめびし17代目として修業中の、専務取締役の岡田佳苗さん。彼女が跡取りを表明した時、16代目である父親はこう言った。

「俺が継いでくれと言ったわけじゃないからな」

父親は大学で経済学を専攻し、かめびしの外で身を立てるつもりだったが、家業の危機で呼び戻されかめびしを継いでいる。父には、「お坊ちゃま育ち」の祖父に代わり、苦境の時代をなんとか切り抜けるガッツがあった。また、岡田さんが大学に進んだ頃には、家業を一息つける状態まで回復させるだけの才能もあった。

だが「かめびしは自分の代で終わり」と決めていたところ、突然の娘の跡取り宣言……。父自身は、「この仕事は受け身の気持ちで始めたら、越えられない山がある」と痛いほどわかっている。一方で、娘が自ら決めたことを放り出さない頑固な性格であることも知っている。うれしい半面、家業を背負う人間の辛さを誰よりも理解しているだけに、複雑な気持ちにもなっただろう。

岡田さんの父には、1つのこだわりがあった。それは、かめびし醤油の味を守るためには必須の

「味覚の継承」である。会社経営は、努力次第でうまくいくかもしれない。しかし、ほんの少しの味とにおいの変化も見逃さない鋭い味覚と嗅覚という細やかなセンサーを持たない人間には、かめびしの看板は継げない。

「幸い、私は父と同じ味覚と嗅覚を持っていました。私と父が本当においしいと感じる範囲は、とても狭いのです。同じ家族でも、母と妹の場合はもう少し幅広い」

味覚と嗅覚のセンサーは、例えば香水を作る調香師や食品メーカーの開発担当者などにも必須だ。岡田さんは、蔵に入った瞬間に「あ、掃除が足りない」とわかる。同じ桶から搾って別のタンクにブレンドした醤油の味を見て、微妙な仕上がりの違いを感じ取ることができる。もちろん、「この道何十年」という職人なら同じことができるかもしれないが、岡田さんはその感覚を経験からではなく、最初から持っていたのだ。

今までの取材を通じて、家業を持つ家の人たちの勤勉さや商才は、その環境で育ったから受け継がれると感じていた。さらに、遺伝という強みもあることに、岡田さんに出会って初めて気づいた。伝統のブランドを守るために経営者を外から雇うことはできても、遺伝という「ギフト」こそは、お金では買えない宝物である。岡田さんが父から受け継いだ味覚と嗅覚は、岡田さんの娘にも継承されているという。

こうして「跡取り」として家業に入った岡田さんはまず最初の壁に突き当たる。

最初の3年間蔵に入り、職人の工程をすべて学んだ。「社長のお嬢さんが、何を始めたのか?」という周囲の目を、意地でも納得させなくてはならない。しかし屈強な40〜50代の男たちの仕事を女がこなそうとしても、物理的にできないことがある。例えば40キロの麹の入った木桶を、肩にかついで歩くことができない。重い鉄の棒を操り、もろみに空気を送り込む攪拌作業も、思うようにはいかない。

岡田さんは思い立ち、父に提案した。

「女性でも作業できるように改良しよう」

いずれ職人たちも年を取る。老齢で体が動かなくなっても楽に作業できるように改善すればいい、という合理的な考え方だ。重い桶を手で持たなくてもいいように工夫してレールを敷き、道具もすべて手作りで現場に導入した。

しかしこうした『改善』は、当時職人たちには快く受け入れられなかった。「こんなの、邪魔ください」「前のやり方の方が早い」と反発し、「女が醤油屋しようと思ったって、無理なんで……」と辞めていく人もいた。

辞めた男性の代わりに20〜40代の女性を雇ってみたが、子育てや介護などの事情で長続きしなかった。結局、岡田さんが家業に入って10年目に、若い男性を雇って一から育てるという方向で落ち着いた。

なにしろ「5K（きつい、汚い、臭い、苦しい、格好悪い）」の職場である。人材確保は頭が痛い。人材の募集はハローワークなどで行うが、「やる気」だけでは続かない。

今は14人のスタッフのうち事務を除く8人が職人として働く。女性の職人も1人いる。全スタッフにむしろ麹を経験してもらうことにしているが、それは実際にお客に接する販売担当のスタッフにも、リアルな経験を通して「ものづくり」の心を知ってほしいからだ。

「『ものづくり』に憧れて志望してくる若い人もいますが、実際に5Kの労働現場を経験すると、すぐに辞めてしまう人も多いんです」と岡田さんは苦笑する。

岡田さんを子供の頃から知る職人が今でも残っていて、後進の指導に当たってくれている。その人、池本さん（72歳）が「ス直し」という作業を見せてくれた。青竹を割って乾燥させたものを次々に荒縄で編んでいったものを「ス」と呼び、この組んだ「ス」の上にむしろを敷いて麹をつくるのだ。「ス」は、何回も使ううちに縄が解けてほつれるので、夏の間に編み直す。池本さんの手は塩気にさらされ、荒い縄を編んで皮が厚くなった働き者の手だ。その手をそっと取って岡田さんは「彼の手はうちの宝物なんですよ」と大事そうにさすった。

孤軍奮闘する跡取り娘は、賜った味覚や嗅覚と池本さんのような人材という、2つの宝物に恵まれていたのだと思う。

次に岡田さんが当たったのは、「コミュニケーションの壁」である。人の上に立つ者として、社内での調整や対外折衝も岡田さんの役目だが、最初の頃は苦労した。ある業者さんとどうしても折り合えず、最終的には社長である父が出てきて納まった。「私の言っていることは正しいのに、どうして突っぱねられるのか」。悩んだ末に、気がついた。相手は50代の男性だったが、反発されたのはこちらが間違っていたからでなく、何かで彼の感情を害してしまったためだ。アプローチの方法が悪かったのだ。

「父から、『お前は客向けのプレゼンはうまいが、内向けは下手だ』と怒られます。誰かを動かしたいと思ったら、『これが正しいからやりなさい』ではダメなんですね。私は、相手の気持ちに寄り添う気配りに欠けていたのです」

実力もないのに突っ張って、ずいぶん無駄な回り道をしたものです、と岡田さんは笑う。父と同じようにやっているつもりでも、父とは経験も年齢も性別も、声のトーンも違う。「自分なりの持ち味を見つけなさい」と、社長である父に諭された。

「男に負けまい」「女だからとなめられたくない」という気持ちを忘れて肩の力を抜くと、すっと楽になった。女には女の方法論があるのだ。

今の岡田さんは、とても柔らかい。かめびしの現場を一緒に歩いていても、スタッフたちに必ず「ありがとう、お疲れさま」と声をかける。語尾がやさしく上がる讃岐弁は、耳に心地よい。

「相手に思いをわかってもらう手段はいろいろあるのに、昔は一本調子のアプローチばかりで失敗していました。男性担当者をやりこめてしまい、まとまる話もまとまらなかったことも……。余裕がなく、から回りしていたのですね。今は、わからないことは素直に教えを請うことができるようになりました。讃岐弁も意識して使うようにしています。やはり地元のものをアピールするのに、東京の言葉で話しても感情がこもらない。女性だということを上手に使っていければいいと思うんです」

キャリア女性には、〝女を使う〟ことを嫌う人もいる。しかし「女力」には2種類あると思うのだ。「出る力」と「退く力」だ。女であることを強く押し出す力と、女だからこそ一歩退いてみる柔らかな「退く力」。岡田さんもそうだが、跡取り娘たちは自然に「退く女力」をうまく使っているような気がする。

「無駄な回り道も多かったけれど、不器用だから自分で痛い思いをしないと変われないいんですよね」

そんな岡田さんを厳しく指導しつつも、一番サポートしてくれるのは父親だ。5年前から父は岡田さんに実質的な経営を任せ、今は岡田さんの出した企画に「やってみ」とゴーサインを出すことも多い。

「私も経営者として、人の親として、父の気持ちがわかるようになってきた。父はワンマンで厳しい経営者で、よく対立しました。でも今では、父は私なりの持ち味を生かせる道を探してくれ、育てくれているのだと思えます」

7年前から岡田さんは、住人たちが結成した町並みを守る保存会の一員として引田の復興運動にも関わっている。保存会では空き家になっていた隣の醤油屋敷地を市に買い取ってもらい、歴史ある町並みを復興して観光客を呼べるよう、保存会の人たちが一丸となって陳情した。

「幸い、地域の活性化を目指す人たちがたくさんいました。皆、このままでは地域全体が〝地盤沈下〟してしまうと危機感を持っていたのです」

今は、赤いもろみ蔵から続く町並みは美しく整えられ、隣の醤油屋跡は観光交流の拠点「讃州井筒屋敷」として再生した。引田の町を歩くガイドツアー「引田のひなまつり」「ひけた着物語り」などイベントも充実してきた。

客が来れば休憩所や食事処も必要と、茶屋やうどん屋も作った。茶屋では「もろみアイス」などの茶菓のほか、かめびしの全ての商品を買うことができる。昔は人を入れなかったもろみ蔵を見学するコースも作った。

「醤油屋はもともと冬場の農閑期の仕事で、夏の間は仕事がなかった。今は正社員である従業員に通年仕事を割り振るため、こうした新しい事業が必要なのです」

かめびしのブランドは、高級醤油として確立している。また、自然食品店など旧来の得意先に加え、インターネット経由の得意先件数も増加している。マクロビオティック愛好家にも愛されるかめびしブランドだが、驚いたことに「完全無農薬」とは謳っていない。
「うちは国産大豆、国産小麦だけを使っています。なるべく減農薬にはしているのですが、仮に農薬が残っていても3年間醸造すると残留ゼロになります」という。つまりかめびしの醤油は「無農薬」と同じことになる。その話を聞いて思い出したことがある。「『菌がすべてを浄化する』というアニメがありましたよね」と言うと、岡田さんも「ナウシカですね」と答えた。宮崎駿氏が映画『風の谷のナウシカ』で表現した圧倒的な自然の力が、もろみの杉桶の中でも働いているのだ。

しかし岡田さんは、さらに先を見ている。

「醤油全体が斜陽産業であることは確かです。大手メーカーの商品も、海外向け以外は消費量が減っています。醤油業としてどうやって生き残るか、これからの展開にかかっていると思うのです」

一から育てた職人が育ち、2年ほど前からは、少しずつ岡田さんが現場を離れていられるようになった。自由に営業に出られるようになった岡田さんが本格的に乗り出した新事業が、ソイソルトだったのだ。

「変えるところ、変えないところを見極めることが大事です。高級醤油としてのかめびしは、高コストでも味を守るために変えられない部分。もう1つは、もっと自由な形で醤油に注目してもらうための事業で、どんどん変えていく部分です。これからは、この2本立てでやっていきたい」

醤油の地位を向上するために、岡田さんは広い視野でのアピールを考えている。こだわって作っても、醤油にはワインのようなランク付けやバルサミコ酢のようなクラス分けもない。水より安い醤油さえある。

また、高級マーケットには「××年醸造」と謳った醤油が出ているが、「正確に言うと、どの工程から何年寝かせたものを『何年醸造』と言うか、表現の基準もないのが現実です」と言う。

海外では和食ブームもあり、醤油の評価は高まっている。だからこそ、もっと醤油をアピールする間口を広くしたい。その1つとなるのがソイソルトだ。新しい形のシーズニングとして話題性があり、醤油をもっと知ってもらう機会づくりにもなる。

「将来は醤油の認定の基準作りに働きかけ、さらに杜氏のような資格『むしろ麹氏』をつくりたい。望みは大きいんですよ」

父、そして岡田さんの味覚を受け継ぐ14歳の娘さんは、一緒に集まりなどに行くと、自分からかめびしの商品のアピールをすると言う。既に18代目の片鱗を見せているが、岡田さんはこう言う。

「一回、外にはじけて飛んでいろいろ経験した後で、（跡を継ぐかを）考えてくれればいい、と思っています」。かつて自分がそうであったように……。

跡取り息子と違い、必ずしも家を継ぐことに縛られない跡取り娘たち。彼女たちは最初、家業という大木から勝手にはじけて散っていく種子だ。そして再び戻ってきたら、血によって継承される

これが、もろみ蔵の中。一番古いもろみは、27年ものだ

かめびし伝統の高級醤油、「三年醸造醤油」「古醤油十歳造《ととせづくり》」「もろみ醤油」

ソイソルト

「ギフト」と外の世界で積んだ経験を糧に、斜陽産業であることの不利をものともしない情熱で、家業の存続に取り組んでいく。岡田さんの娘の代になる頃には、そんな女性たちが珍しくなくなっているに違いない。

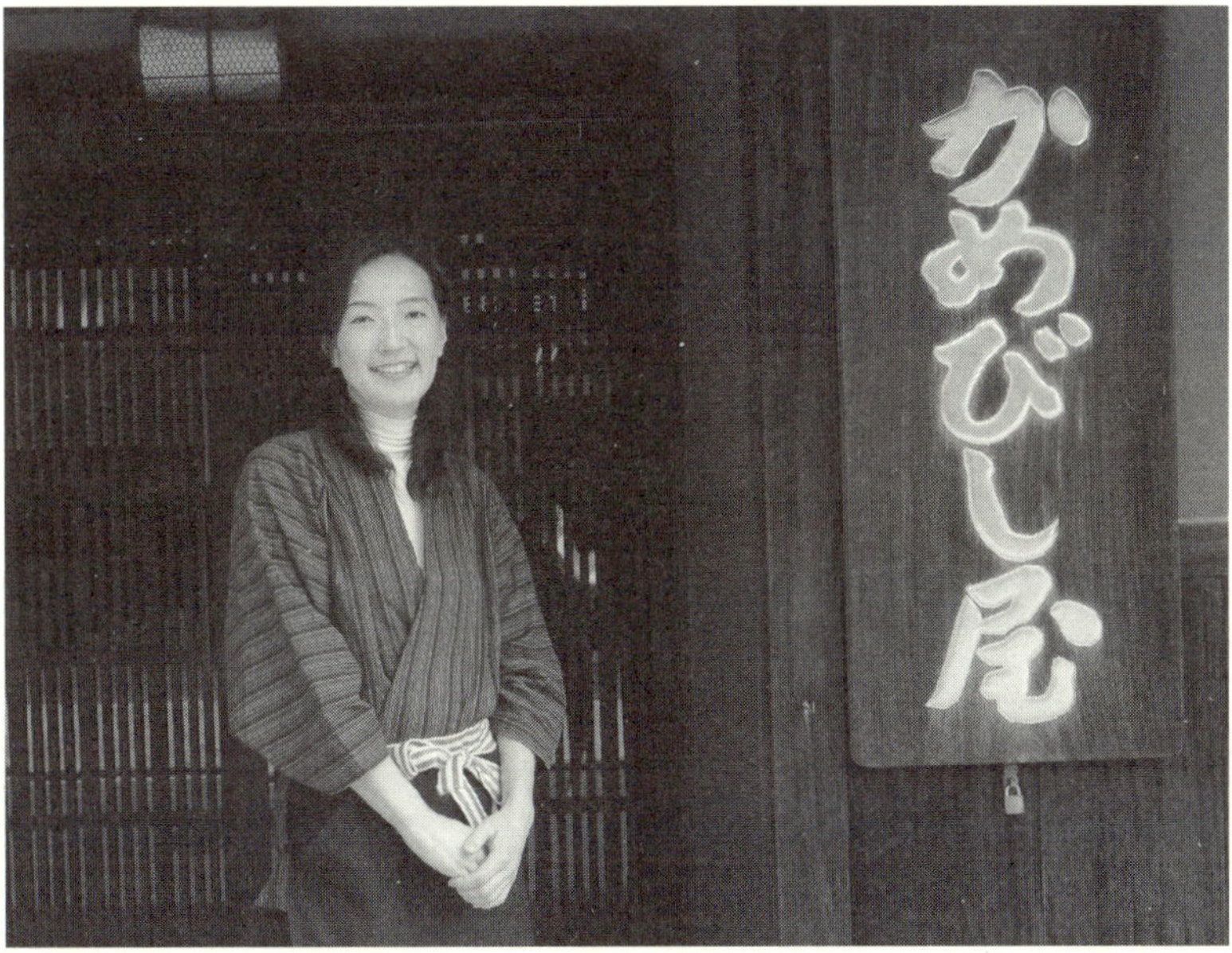

（写真：瓜生敏夫）

盆栽の世界に新しい提案。若い女性だからこそのマーケティング術とは？

盆栽業5代目

清香園　盆栽家

山田香織《やまだかおり》さん

1978年生まれ。盆栽家。「彩花」盆栽教室主宰。清香園4代目園主、山田登美男の一人娘として生まれる。立教大学経済学部卒業。NHK教育テレビ「おしゃれ工房」「趣味の園芸」「趣味悠々」などに出演。著書に『山田香織の盆栽スタイル』、エッセイの入った著書『小さな盆栽のある暮らし』など多数。CM出演や2008年4月よりNHKテレビ『趣味の園芸』のキャスターに抜てきされるなど精力的に活躍している。

埼玉県さいたま市に、盆栽町という場所があるのをご存じだろうか？　関東大震災で罹災し、盆栽を失った東京の造園業者、盆栽業者たちが、安住の地を求めて大宮に移り住み、１９２５（大正14）年に誕生したのが「盆栽村」と言われる。戦前は25軒の盆栽園が軒を連ね、当時は住民も「盆栽を10鉢以上持っていること」「生垣を作ること」「門は開放しておくこと」「2階家を建てないこと」という内規が居住の条件になっていたそうだ。１９４０（昭和15）年に旧大宮市に編入され、現在は「盆栽町」となっている。

盆栽町に入ると、突然風情のある家屋が並ぶ端正な町並みとなる。盆栽村が作られた当時の通り、道が碁盤の目状に整えられ、両側にはサクラ、モミジ、カエデ、ケヤキなどが植えられている。道には「けやき通り」「もみじ通り」など木の名前がついており、「盆栽四季の道」と呼ばれているのだ。盆栽町には現在6軒の盆栽園があるが、その1軒が跡取り娘、山田香織さんの清香園だ。

１００年ものの盆栽が並ぶ園の真ん中に立つ山田香織さんは、風景にしっくりと溶け込んでいる。跡取り娘の取材を重ねていると、何代もの血筋が家業にふさわしい人となりを生み出す不思議を感じることが多いが、山田さんはまさにそんな存在だ。

山田さんは清香園4代目園主、山田登美男さんの一人娘として生まれた。清香園は江戸・嘉永年間の創業で、江戸の町で庶民の文化として最も盆栽が花開いた時代と言われている。

「幼い頃から、家業を継ぐよう刷り込まれていたように思います。小学校の父の日の作文に『私が

5代目をがんばって継ぎます』と書いたのを覚えていますから」と山田さんは微笑む。

小学生の頃から父の切った枝で遊び、母から水やりを教わった。大きな盆栽は、「触ってはいけないもの」と幼い頭でもわかっていた。なにしろ清香園は国内でも3本の指に入る古い園で、園内の立派な盆栽は100年を超えるものが多い。100年……。まさに今言われている「Sustainability」を体現しているのが盆栽なのだ。

清香園の盆栽園を歩くと、不思議な感覚がある。近くにある小さな盆栽の木なのに、遠くの丘の上にある木を見ているような錯覚にとらわれるのだ。たくさんの盆栽の間を歩いていると、まるでガリバーになったような気分になる。一鉢一鉢の中に、「日本人がいつか見た風景」が精妙に表現されているのだ。

盆栽の取引は骨董品と似ていて、バブルの頃は高価な鉢もよく売れたそうだ。有名な鉢は協会に登録され、来歴がわかる。しかし現在は盆栽園の数も減り、跡取りがおらず廃業する園も少なくない。盆栽が継続が難しくなっていく業界であることは確かだ。そんな中で、日本の伝統文化を守るために奮闘しているのが跡取り娘、山田さんなのだ。

盆栽の世界は、女性の園主は数%という男性社会だ。山田さんの父も、先代の園主の娘だった母と結婚し、サラリーマンから園主となった。山田さんが女性ながら「跡取り」として育てられたのは、母の強い希望もあったという。

しかし、家業を背負った子供には必ず反抗期がやってくる。

「中1ぐらいから、どうしてこんな家に生まれたんだろうと、自由に未来を描けないことを重荷に感じるようになりました。古くさい家業がカッコ悪いと思ったこともあります。東京の中学・高校に通っていた頃、恥ずかしくて友達には家が盆栽園ということを隠していました」

18歳の時に、山田さんが家業を見直すきっかけとなる出来事があった。父がニース・コートダジュール・パリを巡る、贅沢な家族旅行に連れて行ってくれたのだ。旅行のために母は保険を解約したと、後で聞いた。

「飛行機はファーストクラス、一流ホテルに宿泊。今で言えばセレブ旅行です。文化水準の高い国の一流の文化を肌で感じなさい、ということだったのだと思いますが、10日間の旅行中、驚くことの連続でした」

足し算のフラワーアレンジメント、引き算の盆栽

フランス人の感性に触れた10日の間、つい花に目が行ってしまったというのは、さすがに園主の娘として育ったからかもしれない。画家アンリ・マティスの墓に行った時、墓参者が飾っていったリースの配色を見て、「これは真似できない」と思ったそうだ。また、移動式遊園地にあった花の

マーケット。ブリキ缶に入った色とりどりの花々は、無造作に突っ込んであるように見えて、配色が絶妙なのだ。ホテルのトイレに飾られたアレンジメントひとつとっても、感動があった。

「そのとき気づいたのは、フランス流のアレンジメントと盆栽の違いでした。さまざまな色を足していくアレンジメントと異なり、盆栽は枝をどんどん落としていく、いわば『引き算』の考え方。全く逆なのです。盆栽園で育った私がフランス流のアレンジメントを勉強しても、きっと苦労するだろうと思いました」

同時に山田さんは、こう思った。逆にフランスの花屋の娘だったら、盆栽を学ぶ時に同じように苦労するのではないか。

「その時にふと、盆栽園の娘として育った私が盆栽をもっと学ぶことで、いつか海外の人たちに伝えられるものが見つかるかもしれない、と思ったのです。自分の中にしみこんでいる〝盆栽家の血〟に気がついたのです」

初めて家業を前向きに捉えた瞬間だった。

しかし学生時代はまだ反抗期の延長。大学では、畑違いのマーケティングを学んだ。一方で盆栽園も商売だから、流通について学ぶことはマイナスにはならないはず、という気持ちもあった。卒業時には就職活動もしたが、「当時はもう就職難でした。いろいろな会社を受け、SEの内定ももらいました。その頃は、まだ園を継ぐ決断はしていなかったんです」。

そんな山田さんを、父は黙って見守っていた。内定をもらったと伝えると「社会に出て勉強するのもいいよ」と答える父。しかし「父は、内心は逆の気持ちだろう、と私にはなんとなくわかったのです」。内定はもらったものの、迷い続けた山田さん。特に母からは「5代目を継いでほしい」という無言のプレッシャーがひしひしと伝わってきた。

迷いの末に、4月下旬に家業に入ることに決めた。ある日、父と一緒に電車に乗っている時、つり革に並んでつかまりながら、こう伝えた。「やっぱり盆栽園をやることにしたよ」「そうか」。父娘の会話は短かったが、父のうれしそうな表情を山田さんは今でも覚えている。

一度は就職するなど、他の世界を見てから跡取りになる人も多い。山田さんはなぜ卒業後すぐに、盆栽の世界に入る決断をしたのか。その理由は、彼女なりのマーケティング戦略にあったのだ。

「昔から見ていると、盆栽園に来るお客様は男性ばかり。どうしてなのかと考えた時、女性に対する魅力的な提案がなされていなかったことに気づきました」

奇しくも99年当時は、女性の間でガーデニングはすでにブームになっていた。30代女性を中心にした和のブームもあった。既存の盆栽愛好家だけではなく、全く違う層に盆栽をアピールできるタイミングかもしれない、と山田さんは思った。

「今までの盆栽愛好家は、ほとんどが年配の男性。『おじいちゃんの趣味』というイメージと、逆のベクトルを考える必要があります。若い女性たちをどうやって取り込むか、ということですね」

その意味で、22歳の女性である自分が先導することが、既存の盆栽のイメージを覆すにはインパクトがある。

「だから、待たずに自分で始めよう、と思ったのです」

盆栽家の跡取りとしては通常5年間、徒弟としての修業が必要だ。しかし山田さんは、既に取得していた植え替えや剪定の技術を生かし、ある盆栽の教室を始めることにした。それが、「彩花《さいか》」盆栽である。

「彩花」は、父登美男さんが1985年に商標登録をした新しい盆栽の形だ。通常の盆栽は、大自然の風景を1本の木で表現するというもので、手に入れてから自分好みに育てるまで5～10年はかかる、息の長い趣味である。これに比べ「彩花」は、枝ものと、草ものの寄せ植えという形態で自然の風景をつくる。父登美男さんが盆栽の大衆化を図ろうとして考案したものだが、娘の香織さんはそこに目をつけた。

「『彩花』を、女性が好む形に私なりにアレンジしていこうと思ったんです。技術は盆栽と一緒ですが、もっとおしゃれで、マンションの一室にも置けるような形にしたいと思いました」

こうして99年9月から、山田さんの「彩花」盆栽教室は始まった。最初の生徒は8人で年配の男性ばかり。しかし今は、通信講座やカルチャースクールを含めると500人の生徒がおり、8割を女性が占めているという。

盆栽の世界を広め、既存の顧客ではない層にアピールするために、山田さんはまず「彩花」盆栽の教室からスタートした。「彩花」は既存の盆栽とは違い、木と草の寄せ植えで風景を創る。鉢は従来のような長方形や丸い形ではなく、山田さん自身がデッサンを描いて注文している、常滑と信楽焼きのオリジナルである。

山ゴケの下に雪割り草が隠れていて、しばらく世話をするとコケの下からかわいい白い花が咲く。そんな時間差の楽しみが満喫できるような仕掛けがほどこしてある。3種類の寄せ植えのうちひとつが枯れても、教室に持ってきて植え替えをすることもできる。

「生徒さんの半数が、マンション住まいの方。お庭はなくても、鉢の中に庭ができてうれしいと言ってくださいます。こういうところに、彩花のニーズがあると思いました」

2000年には、カルチャースクールに盆栽教室の講座を持つようにもなった。タウン誌編集者の紹介で、さいたまスーパーアリーナのカルチャースクールに入れてもらったのだ。華道やフラワーアレンジメントと違い、これまで盆栽は「習い事」の範疇には入っていなかったが、カルチャースクールに進出することで新しいお客が増えた。

「盆栽教室として募集すると、これまでのように年配の男性ばかりが応募してきます。そこで『ミニ盆栽』『草花盆栽』と教室の名称に工夫をすると、女性が増えるのです」。提案の仕方次第なのだと思った。2002年にNHKの「おしゃれ工房」に出てからはじわじわと反響がきて、「メディアの力はすごい」と実感した。

こうした教室を広めるために、2000年にはホームページをオープンし、2002年にリニューアル。2005年に再度リニューアルし、2008年春にさらなるリニューアル予定だ。「山田香織のボンサイ日記」というブログは四季折々の花や木の写真が美しく、人気コーナーになっている。

彩花盆栽の通信講座も開設している。ホームページから申し込め、年8回がワンクール。1年で7鉢を楽しむことができる。2年目には追加のメンテナンスがあり、「決して作りっぱなしにはしない」のが基本だ。

現在、園の経営は父親が見ているが、教室とカルチャースクール、通信講座は山田さんとスタッフが運営している。新しい層に伝えるのは、山田さんの役割というわけだ。

「盆栽の既存のイメージを壊していきたい。そのためにはホームページやカルチャースクールなど、いろいろなチャンネルを通して伝えていくことが大切だと思います」

最初のうちは、家業に対してマイナスイメージを持ち、コンプレックスを感じていた山田さん。それだけに現在は、「盆栽という日本独自の文化の素晴らしさを、より多くの人々にわかってほしい」という思いが強いのだと言う。

新しいことをやりつつ、5代目として毎日父について修業をする山田さん。山田家の口伝に、

「盆栽家は絵描きに負けちゃいけねえ」というのがあるそうだ。盆栽つくりも絵を描くことも、どちらも日本の自然を独自の世界観で表現する仕事だ。絵描きは、木々の見事な枝ぶりを一筆で描くが、一鉢の中に5年、10年の期間をかけてつくるのが盆栽家。

「例えば二条城のふすま絵（狩野探幽の松）などを見ると、つくづくいい枝ぶりだなあと思います。同時に、盆栽家としても負けちゃいけない、とも思うんですよ」

しかし山田さんの修業は、先は長い。枝を落とす時に迷いがあると、必ず父は「お前、この枝迷っただろう」と見抜いているのだ。また、地震、台風、地球温暖化など、自然の力から盆栽を守るのも仕事である。

「小さな頃から、雪が降ったら一緒に雪払いをしていました。家業に反発していた頃でも、一緒に育ったものだからこそ、盆栽も寒いだろうなあとか、今は暑いだろうなあと分かるんです」。しかし最近は気象の変化が激しく、「4月にはこれを行う」という、昔ながらの作業手順が通用しなくなってきたのも、悩みの一つだ。

盆栽は作品であり商品であると同時に、〝命あるもの〟でもある。個人的に手放したくない、と思うものもある。

「盆栽は骨董品のように取引されているので、回り回ってこの園に戻ってくることもあります。どんな姿になっていても、うちの木だとひと目でわかります」。中には持ち主の技量不足や、主を

清香園の数々の盆栽

転々とした結果、すっかり形が崩れたり枯れたりして戻ってくるものもある。そんな時は、「よく戻ってきたねえ」と涙が出そうになる時もあると、山田さんは言う。そんな一鉢を5年、10年かけて元の美しい姿に戻していくのだ。

バブル崩壊後や、主が亡くなって盆栽の価値を知らない相続人の手に渡ったりして、人知れず失われてしまったものもたくさんあるに違いない。

父が買ってきた鉢に針金をかけて、徐々に自分たちの色に変えていくこともある。山から掘り出された木を盆栽にすることもあれば、庭木の一部を挿し木や取り木で切り離して盆栽にすることもある。この取材をするまではなじみのない盆栽の世界だったが、話を聞くうちに、日本人の持つ自然に対する繊細な美意識や、気の遠くなるような長いスパンでの遊び心が垣間見えた。山田さんが受け継ぎ、また次の世代に伝えていくのはまさに〝命を伝える仕事〟なのだ。

そして長くこの盆栽の文化を伝えるためには、イメージ戦略や新しい提案も大切であることを、山田さんは知っている。永続的な経営とは「時代とともに、破壊と創造のサイクルを繰り返しながら成長する」とものの本には書いてあるが、跡取り娘は本能的にそれを実践しているのだ。

しかし、古い業界ならではの反発はないのだろうか？　山田さん自身はまだ経験していないが、競りに出ると、買おうとする鉢に対して周囲が結託して値をつり上げるといった厳しい場面もある世界だ。「まだ新米なのに目立ったことをして、という批判は当然あると思います。もし私が男

（写真：花井智子）

だったら、同じことはできなかったのではないでしょうか。新しいことをやり始めた時点で、『この若造が……』とつぶされていたと思いますよ」と山田さんは言う。

すでにＢＯＮＳＡＩは世界共通語である。２００８年で82回を迎えた国風盆栽展には、海外からの愛好家も集まる。

「一人の力は限られているから、盆栽のよさを伝えてくれる人を、教室を軸にもっと増やしていきたい。将来は海外での教室をやってみたいですね」

２００６年に結婚し、夢に向かってサポートしてくれるパートナーもできた。夫は違う仕事をしていたが、今は清香園に入り休みもなく働いている。

「大きな鉢の扱いなど、私の力が及ばないところもカバーしてくれるのが夫です。何かを決める時も、相談する相手がいると結論が早く出るようになりました」

これまでは、男性が家業を継いでも、その妻が家業に入る例はあまりなかった。しかし今回の取材で、家業に入った妻を支えるために、夫が自分の仕事を辞めたという例は、山田さんで３人目だ。外の違う業界から来た夫が家業の力になってくれるのも、跡取りが娘である大きな強みのひとつかもしれない。

外資系銀行の支店長から呉服屋の女将に転身した業界は「男の世界」

◆呉服屋4代目

伊勢由　常務取締役
千谷美恵《ちたにみえ》さん

1965年、東京生まれ。1990年立教大学卒業。交換留学生として、ミシガン州立ウエスタンミシガン大学を卒業。1990年、24歳で米国シティバンクに入行。1996年、31歳の時に最年少で銀座支店長に抜てき。1998年に退職し、銀座金春通りの呉服・和装小物の老舗「伊勢由」の若女将に。現在は常務取締役。

銀座は金春通りに店を構える老舗の呉服屋、「伊勢由」。季節の反物やかわいらしい染の小物などが並ぶ店を訪ねると、奥から控えめな、それでいて粋な和服姿の若女将が現れた。彼女が創業14８年の伊勢由4代目となる、千谷美恵さんだ。母親の光世さんは、すでに銀座生活60年。銀座を代表する女将として、女性誌の特集などにもしばしば登場する、「銀座の顔」といった存在。店では必ず和服という娘の千谷さんも、しっとりと板についた若女将ぶりだ。

千谷さんが家業を継ぐことを決め、着物を着始めた頃は、帯の下などに汗をかくことが多く、あせもができて皮膚科に通ったこともあるとか。しかし「8年間毎日着物を着ていると汗腺が変化するせいか、最近はほとんど汗をかかなくなりました」と言う。

若女将の千谷さんは、女将といっても伊勢由にお嫁に来たのではなく、この家の3人姉妹の三女。しかも前職は、シティバンク銀座支店長まで務めたというキャリアウーマンだ。以前、女性誌の取材で母親の光世さんにインタビューした時、傍らで微笑む千谷さんにとても興味をそそられた。1965年生まれでバリバリの「男女雇用均等法世代」、しかもアメリカ留学経験のある千谷さんが、なぜ外資系企業でのキャリアを捨て、銀座の老舗の跡取りの道を選んだのだろうか？　この人の歩んで来た道が知りたい。その想いが、私が跡取り娘を訪ね歩くきっかけになっている。

「最初は、家業には関心がなかったんです」と千谷さんは言う。

「立教大学在学中に交換留学でアメリカに留学し、帰国して24歳の時にシティバンクに就職しました。シティバンクを選んだのは、ちゃんと働けるところに行きたかったから。当時は女性の総合職といえば、外資系企業くらいしかなかったからです」

彼女が24歳の時といえば、バブルの最中。均等法施行元年の女性総合職はまだ少なく、希少価値があった。「女性総合職を採用しました」という企業のＰＲにはなったが、実際には採用した総合職女性たちを企業がまだ使いこなせていない状態で、特に日本企業の女性活用はお寒い状況だった。

一方、バブルの日本に進出してきていた外資系金融に、多くの女性たちがなだれ込んだ時期でもある。シティバンクは一番上り調子の頃で拠点を拡大していた。千谷さんの同期は90人で半数は女性だったという。

「当時の仕事は、〝何でも屋さん〟でした。支店が次々にオープンしたので、新しいオフィスの準備をしたり、引っ越しの手伝いをしたり……。誰も指示をしてくれる人はいないので、自分で仕事を見つけて何かしら働いていた。最短では、３日で次のオフィスに移動ということもありましたね。仕事がなくなると、ダンボール箱に荷物を詰めて次のオフィスに行くんです」

「指示待ち」の姿勢では、やっていけない外資系。さまざまな仕事を経験しているうちに、千谷さんの中でやりたい仕事が見えてくる。それは「自分は接客が好き」という気持ちだった。入社３年目に、店頭の第一線であるカスタマーサービスの仕事に就くことになる。

シティバンクの銀座進出で、実家のそばで働くことに

日本の銀行は窓口とオペレーションが分かれているが、当時のシティバンクは担当の顧客に関する事務手続きすべてを、接客したカスタマーサービスが担当していた。しかしこれでは効率が悪い。そこで千谷さんは、新宿支店に勤務していた時代、オペレーション専門の部署の立ち上げを提案したこともあった。こうして積極的に仕事にたずさわり、やがて96年、銀座支店の立ち上げに加わることになる。シティバンク銀座支店のすぐ裏は、実家の伊勢由だ。

しかし銀座支店の立ち上げ当時は忙しく、実家に立ち寄る時間はほとんどなかったという。

「当時は私も姉たちも、家業を継ぐことは全く考えていませんでした。銀座のお店は女が継ぐことはないし、養子を取るという話もなかったので……。だから当時も、会社の昼休みにちょっと実家の店に寄る、という程度。ただ、店に立ち寄るとちょっとした気分の〝リセット〟になる。きれいな反物や小物を見て、癒されるというのはありました」

銀座支店の立ち上げと同時に千谷さんは、31歳という若さで、生え抜き初の支店長に就任する。銀座支店では成績も上げ、サクセスしたキャリアウーマンとして羨まれるような地位に若くして就いた千谷さん。しかしその1年半後、銀行を辞めて家業を継ぐという大英断をすることになる。そのきっかけになったのは、いつの時代も女性の究極の憧れ「銀座」という街の持つ魅力だった。

「一番強く感じたのは、銀座のお客様は違うなあ、ということでした」と千谷さんは言う。それまでの支店では、お客との会話は単に預金に関する話題だけだった。しかし「銀座支店に来るお客様には日本舞踊の先生がいたり、80歳でハワイに移住する方がいたり、食に詳しい方がいたり……。お金だけでなく、趣味や生き方に関する話題がとても豊富なんです。人生のラストを優雅に送る人たちが多く、いいなぁとしみじみ思ったんです」

しかしシティバンクにいる限り、異動は免れない。銀座支店も長くて1年半くらいだろう。「銀座に残りたい」、そう思った時に「ああ、家は銀座で商売をしているんだ!」と初めて意識した。銀座支店長を1年半で退職し、伊勢由へ。スーツを脱ぎ、毎日和服で過ごす世界へと大転換したのだ。

「銀行時代と今とで何が違うといえば、時間の流れです。銀行での1日は、5分刻みでしたから」と千谷さんは言う。そしてもう1つの違いは、男女の数。

「銀座の商店も着物業界も、男ばかりの世界です。シティバンクの頃は、周囲に女性が多かったので、最初は驚きました」

銀座には、老舗の集まった商店会の組織が無数にある。百店会や○○通り商店会など。しかし、こういう会の会合で300人ぐらいが集まっても、女性はたった2人ということも珍しくない。呉服業界も、顧客は華やかな女性だが、生産者や問屋などは、男だけの世界だ。女将が目立って見えるのは素人の目からだけ。やはり銀座は、「旦那衆の街」なのだ。

家業について千谷さんの父親は、どう考えていたのか。

「父は養子を取ったりして、無理をして店を存続させることまでは考えていませんでした。また、銀座の店を女が継ぐという概念もなかったんですね」

しかし、千谷さんが家業を継ぐと決めた時、父親は大歓迎してくれたという。

男ばかりの老舗の世界に入った千谷さん。外資系銀行キャリアでの接客のプロという視点は、新しい世界でも生かせるのだろうか?

「同じ接客でも、銀行と呉服屋ではやり方が違うんです。シティバンクでは、マニュアルに従って接客をすればいいのですが、伊勢由では一人ひとりのお客様に対する個別対応なんです。銀行なら、踏まなければならない一定の手続きがありますが、呉服の接客にはそれがないんです」と千谷さんは言う。

「お客様のご要望を聞くだけでなく、『この前お求めになったあの着物にはこの帯が合いますよ』とお薦めするには、お客様のワードローブも知っていなくてはいけない。お客様には、今度結婚なさるお嬢様がいらっしゃるとか、来年はお孫さんが七五三のお祝いとか、ご家族の状況も把握する必要があります」

こうした顧客の状況をつぶさに把握しているのが、呉服屋のお客様担当というわけだ。

「担当者がいないと、お客様のことがわからないんです。そこで私がやったことは、まずカスタマーファイルを作ることでした。でも、大事なのは人と人のつながりですから、これは壊さないように気を配ります。あまりシステマチックにしすぎても温かみがなくなってしまい、この仕事には合わないんです」

システム化とリアルなコミュニケーションの、微妙なさじ加減ということだ。老舗の呉服屋は、お客との関係はそれこそ、2代3代にもわたる。産着に始まって、一生のおつき合いということもある。着物は洋服と違い、仕立て直しをして、母から娘へと受け継ぐこともできる。

娘の嫁入り支度を全部任せてくれる母親も多い。こういう場合は、店が必要なものを好みに合わせて一式あつらえる。家の中の箪笥にしまうところまでつき合う。「この前作ったあの帯はどこにしまったかしら？」と電話でいつ訊ねられても、「奥様、それは箪笥の3段目の引き出しです」と即答できるのが、銀座の呉服屋の顧客文化だ。

「私も店頭にいるだけでなく、新作の時期などお客様の家に出向きます。御用聞きですね。同じ商売でも、銀行とはビジネスの質が違います」。銀行に来る人は、必要に迫られた人たち。しかし銀座の呉服屋に立ち寄る人は「必要のないものを買いに来るお客様」なのだ。

「着物って、幸せじゃないと買えないんですよね。精神的にも経済的にも生活に余裕がないと、なかなか着物を買う気にはならないでしょう。でも今は買わなくても、いずれ買ってくださるかもしれない。中には、話だけをしに来るお客様もいらっしゃいます。だからフラリといらっしゃる方も大切にしています」と千谷さんは言う。

呉服屋のビジネスは顧客や職人とのつき合いがポイント

老舗の呉服屋というと、「敷居が高い」と思う人も多いかもしれない。しかし千谷さんは、「老舗だから何か買わされそうだと臆せず、どんどん店に入ってきてほしい」と言う。一つの老舗と長くつき合えば、最初はこの着物、次はこの帯と、予算に合わせて購入することもできる。もちろん「こんな柄がいい」というオーダーメードもできる。伊勢由は多くの職人さんとつき合っており、千谷さんはプロデューサー的な役割も担っている。

着物の世界は、職人とのつき合いもなかなか大変だ。

「着物作りの職人さんも、ほとんど男性です。女性の立場から提案しても『そんなに細かいことを言うなら、俺はつくらないよと』言われてしまうこともあるんです（笑）」

ある時千谷さんは、「太っている人が帯を締めると、帯の柄がきちんと出ない（注1）」ということに気づいた。そこで、柄の位置を変えてほしいと職人に提案したが、新参者の千谷さんの意見がなかなか通らない。「昔からこの位置と決まっているのだから、だめ」と言われてしまう。「とにかくつくってほしいんです」と粘って、やっと納得してもらったこともある。

「時には、お客様の気持ちと職人さんの気持ちの間で板挟みになります。職人さんにはプロ意識があり、お金では動きません。それでも、その技術を持っているのはその人しかいない、どうにかその職人さんに、お客様の要望通りのものをつくってもらわないといけない……。何社かに見積もりを取って安い方に発注する、というビジネスの常識が通用しないんです」

職人と上手につき合うには、一人ひとりの職人の技術や性格を把握する必要がある。「この人に植物の柄を描いてもらったら天下一品」とか「この人は幾何学模様が得意」といったことを、失敗を通じて学んでいく。どの職人にどんなオーダーをすれば素晴らしい作品が生まれるのか、学習していくのだ。

職人とのつき合いを通して、染めのオリジナルスカーフなど新しい商品も企画した。

「洋服屋で素敵なスカーフを見つけると、その作者を探して本人と交渉し、着物の図案で染めてほしいとお願いしたこともありました。着物を着る人のマーケットだけでは、パイが小さすぎる。洋服にも合うような和小物を考えてつくり、少しでも多くの人が〝和〟の世界に近づいてくれればと思っています」

伊勢由はもともと「ふくふく袋」（風呂敷代わりに使える、伊勢由オリジナルの軽くて丈夫なサブバッグ）「ワンポイント付きの足袋」など、かわいらしい柄のオリジナル小物が人気の店だ。こういったオリジナル小物を強化するのも、着物産業全体が先細っていくという時代背景があるためだ。呉服の売れない時代に、新しいことに挑戦する娘を、父親はどう感じているのか？

「割と自由にさせてもらっています。男の跡取りの場合、最初から自分が継ぐと思っているし、回りも『若旦那』という目で見る。父親としても『まだ息子には任せられない』と意地を張ったり、葛藤があるようです。男に対しては、代々いる番頭さんたちの目も厳しい。でも私の場合は女であるせいか、『跡取りが突き当たる葛藤』を免れている面もありますね」

売るだけではなく、着物を通じて日本の風物や慣習などの伝統文化を伝える仕事にも深く関わっているのが、千谷さんの商売だ。買ってくださったお客様に着付けを教えたり、着物を着ていく場所を増やすために知り合いの料亭と一緒に着物イベントを企画することもある。

「今では、お母様の世代も娘に着物について教えられなくなっています。今の時代の女性たちに、もっと着物を着てもらうにはどうすればいいか、いつも考えています。着物が売れないと、着物に関わる多くの職人さんの生活が立ち行かなくなる。職人さんたちが絶えてしまえば、二度と復活しない貴重な伝統の技術もあるんです」

最近は古着や浴衣のブームなどで、女性たちの間で「もっと着物を着よう」という動きが出てきた。しかし、どの季節にどんなものを着るか、着物と帯の合わせ方といったルールが難しいといって着物を敬遠する人もいる。売る側に着物に関するきちんとした知識があり、お客に教えてあげら

赤ちゃん用のうぶ着とちゃんちゃんこ

まめぶくろ

れれば、もっと楽しく学んでいけるはずだ。

古着や浴衣のブームに関して千谷さんは、「古着も浴衣も、とっかかりとしては大歓迎です。ただ、この季節にどの着物を着るかとか、着物の格付けなどの基本的なことを店員さんなどに確認して、そこからもう一歩踏み込んでみると、着物はもっと面白くなると思います。例えば春に紗（注2）の着物を着るのは季節が違うとか決まりごとがあります。面倒と思わずに、そういったことに踏み込んできてくれれば、逆に着物を装うことがさらに楽しくなるんです」と言う。

「着物という、こんなに素晴らしい美術品が日本にはある。美術品を家に飾るのではなく身に着けられる国民はそうたくさんいない。そう考えると、せっかく日本人に生まれたのだから、その機会を逃すなんてもったいないですよ」というのが千谷さんの意見だ。

「着物を、男性にも見ていただけるとうれしいですね。ある奥様が、和服を着た時にその姿をご主人がストレートに誉めてくれ、優しくしてくれるのでうれしい、とおっしゃっていました。でも、日本の男性は全員がそうではないんです。ひと昔前の男性に比べて最近の男性は着物を見る目が落ちたので、技術の優れている着物を着ていてもわかってもらえない、となげく一流芸者さんもいらっしゃいます。桜の着物を着た時に『春らしいね』とか、夏の着物を着た時に『涼しげでいいね』などと褒めてくれると、その方を見直す時がありますね」

話をしていると、着物が本当に好きだという千谷さんの情熱が伝わってくる。着物や帯は、一点ものも多い。千谷さんがお気に入りの商品ができた時には、お客様に渡す時に、「買ってもいいですか?」と申し訳なさそうに言われたこともあるとか。「本当は手放したくない、という気持ちが出てしまうのかもしれませんね」。お客様に「どうぞ、どうぞ」と言いながら、涙が出てしまったこともあるそうだ。

「同じ染めでも、もう一回染めたら微妙に違う色合いになるのが反物なんです。技術的に難しく、コストもかかる品物を、あえて職人につくってもらうこともあります。職人さんのためでもあるし、その着物を店に保管しておきたい、またお客様の〝目の保養〟のためにも持っておきたい、という気持ちもあります」と千谷さんは語る。

「こうなると、利潤追求だけの仕事ではないですね。着物の世界に入って、ある意味でカルチャーショックを受けました。欧米の合理主義は勉強にはなりますが、私は日本人なので、日本的な商売のやり方の方がしっくりくるんです。やっぱりＤＮＡの違いでしょうか」

着物は幼い頃から着ていたが、20代の頃は洋服にしか興味がなかったので、着物を着ることもあまりなかった千谷さん。「20代なら、まだ10代の頃の着物が着られたのに、もったいないことをした」と思う。だから日本の女性には、もっともっと着物を着てほしいし、装う喜びを知ってほしい。

最近うれしいことに自分のお金で着物を買いに来る30～40代の女性が目立つようになったという。

「ここ数年、親や夫のお金ではなく、自分のお金で着物を買うキャリアウーマンが増えています。

会社が終わってから7時に着付けを習いに来て、9時に仕事に戻るという方もいるんですよ。忙しくても自分への投資は怠らないんですね。多忙な時ほど、こういう時間をつくることが貴重なんです」

シティバンク時代、仕事の合間に店に着物を見にきて「ほっとする時間を持てた」という千谷さんらしい実感のこもった言葉だった。

自分で事業を起こしたいという女性も多い中、継ぐべき家業があるというのは恵まれた状況のようだが、今は銀座の老舗呉服店も次々に店じまいする時代。あえて家業を継ぐ決断をした彼女は、本当に頼もしい跡取り娘だと感じる。

〝和〟を理解する女性たちが着物文化を担う

今、若い世代の女性の間に「和ブーム」が続いている。10～20代は古着や浴衣を、まるで外国人のように新鮮な目で見て自由に楽しんでいるようだ。メーカーが安価な浴衣セットを発売したことなどで、特に浴衣は夏のイベント用コスプレとしてすっかり定着した感がある。また女性が好むLOHASなライフスタイルは、天然素材の着物とどこかフィットするところがあるのかもしれない。

また千谷さんの世代、バブルを経験した女性たちは「洋→和」への回帰を起こしている。千谷さ

（写真：稲垣純也）

ん自身も米国に留学し、20代は洋服にしか興味がなかったと言うが、私の友人のキャリア女性も米国で10年過ごし、今は日本の外資系金融に勤め、毎月着物で歌舞伎に行っている。白洲正子の記念館に九州から訪れていた30代後半の女性は「20代はヨーロッパにばかり行っていたが、30代になって〝和〟にはまった。白洲正子さんは憧れの女性」と言っていた。欧州の奥深い文化に触れた後、日本に目を転じてみると「同じぐらい深い文化があるじゃないか」と突然日本回帰を起こすのかもしれない。

千谷さんのような女性が着物文化の担い手として牽引力になってくれるのはうれしい限りだ。彼女の言う通り、買う人や着る人がいなくなれば、日本の伝統産業は廃れてしまう。一度失った技術を取り戻すのはとても難しいことで、いま呉服業界は本当に危機的状況にある。母親も和服を着ない世代の女性たちにもっと着物に近づいてもらうには、千谷さんのような次世代のリーダーが必要なのだと痛感した。

注1：帯にワンポイントの柄がついている場合、帯を締めた時に正面か少し横の位置に柄が来るのが望ましい。しかし着る人の体型によって、帯を締めると柄の位置が正面から大きく外れてしまう場合がある。

注2：紗は夏の着物の生地で、特に盛夏に着る。隙間を作って織り出した生地で、清涼感がある。

第四章◆職人ニッポンの跡取り娘

ものづくりがしたい……という若い人が増えている。自分の手で何かを成し遂げる実感がほしい。それが「ものづくり」志向につながるのだろう。3Kと嫌われた職場が今注目されている。立派にものづくりニホンの魂を継承している跡取り娘たちを見ていると、やっぱり日本の職人はカッコいいと思うのだ。

2007年の第39回技能五輪国際大会でも、46ヵ国・地域から812人の選手が47の競技職種に参加した中、日本人選手は一昨年の前回大会（フィンランド大会・金メダル5個）を大きく上回る金メダル16個を獲得。得意分野の機械部門だけでなく、造園、洋菓子製造などもメダルをとっている。金メダル獲得数が単独で世界第1位となったのは1971年以来36年ぶりとなる。職人ニホンはまだまだ健在なのである。

名古屋の〝街の喫茶店〟を有名パティスリーに変えた

◆カフェ2代目

㈱タナカ　取締役（シェフパティシエ）

田中千尋《たなかちひろ》さん

1970年、名古屋生まれ。喫茶店「コーヒータナカ」を創業した田中寿夫氏の長女。短大卒業後20歳で渡仏し、パリの製菓学校「リッツ・エスコフィエ」でフランス菓子を学ぶ。有名ホテル、3ツ星レストランなどで2年間の修業を経て帰国。東京のパティスリーを経て、実家の「コーヒータナカ」をカフェタナカとしてリニューアルオープンし、シェフパティシエールに就任。2003年、ジェイアール名古屋タカシマヤ店をオープン。2007年三重県ジャズドリーム長島にパティスリー&カフェをオープン。現在は、㈱タナカ取締役。愛知県洋菓子協会理事、名古屋製菓専門学校非常勤講師。

左が千尋さん。右は妹の千寿さん

地方格差が問題になっている今、一番元気な地方都市は名古屋ではないかと、名古屋駅に降りるたびに思う。2007年3月には駅前に新しいランドマーク、地下6階、地上46階、トヨタ自動車のミッドランドスクエアが誕生した。地方都市に行くと「元気ないなあ」と思うことが多いだけに、駅上に聳え立つJRセントラルタワーズ（高島屋、マリオットアソシアホテルなどが入っている）から始まり、駅前がどんどん高層化する名古屋の活気は貴重なものに感じる。

元気な街には、やはり元気な跡取り娘がいる。ジェイアール名古屋タカシマヤのデパ地下には、東京の有名スイーツ店が軒を並べる。名古屋発信の洋菓子店は2店舗だけだが、その1軒「カフェタナカ」のパティシエール（女性パティシエ）が、跡取り娘、カフェタナカ2代目の田中千尋さんだ。八丁味噌を練りこみ、名古屋土産としても有名になった焼き菓子「名古屋フィナンシェ」の生みの親でもある。

カフェタナカ本店は、名古屋中心部からやや北東の北区上飯田の落ち着いた住宅地にある。オープンテラスのついたクラシックな佇まいが印象的だ。入口を入ると、広い菓子売り場になっている。3つのショーケースには、いちじくやベリー類など季節の果物をふんだんに使った鮮やかなタルトが目を引く。棚には焼き菓子、ジャム（コンフィチュール）が並び、車で買い物に来る客もいる。

販売スタッフもホールスタッフもきびきびとして、感じがいい。スタッフは全部で40人ほどだそうだが、店も人も〝旬〟の活気がある。ここでパティシエールとして菓子を作り、経営者として店をひっぱっているのが、2代目の田中千尋さん。店では「シェフ」と呼ばれている。

東京では、人気のスイーツ店は女性客に占拠されるものだが、カフェタナカでは、タバコを吸う男性も初老の夫婦も、昼下がりのおしゃべりに余念のない奥様グループもいる。常連も多いが、店の評判を聞いて遠方から来る人もいる。客層がバラエティーに富んでいるのは、もともとこの店は、ご近所に愛される喫茶店であったからだ。

「1963年に、父母が自家焙煎のコーヒー店『コーヒータナカ』として始めたのです。当時は男性のお客様がタバコを吸いながら、コーヒーを飲むお店でした。店内は、いつもタバコの煙がモクモクしていましたよ」と田中さんは言う。

名古屋の喫茶店といえば、なぜか盛りだくさんのモーニングセットが有名だ。ここには独自の〝喫茶店文化〟があると田中さんは言う。

「名古屋の人にとって喫茶店は、自宅の応接間と同じなのです。朝ごはんは、喫茶店のモーニングを食べに行く。家にお客様が訪ねてくると、『じゃ、いこか?』と近所の喫茶店に行くんですよ」

これを聞いて、モーニングセットの謎が解けた。名古屋にはドトールやスターバックスなどの全国チェーン店よりも、いわゆる〝普通の喫茶店〟が多いことも納得がいく。そんな〝喫茶店文化〟全盛の名古屋市内で、1960年代、田中さんの父は数店の喫茶店を経営していた。

「私も妹も、家の喫茶店が大好きでした。父母が経営する店を回る時は私たちもついていって、店の人たちに可愛がってもらったものです」と田中さん。田中さんには4つ下の妹、千寿さんがいる。「2人とも短大生高校生の頃から店の手伝いをしていました。朝6時から店に出て、その後登校するのです。ウエートレス、店番、配達、カウンターと何でもやりました」

地元の文化交流の場であった「コーヒータナカ」

喫茶店を経営する前、父は画廊で働いていた。現在のカフェタナカ本店の2階はもとはギャラリーで、画家の卵たちが出入りしたり、画家の個展を開催したりと、地元の文化交流の場所であったという。今でも店内に、本物のビュッフェがさりげなく飾ってあるが、これらの絵は皆、父が集めたものだ。

しかしこうした雰囲気は、色とりどりのスイーツが並ぶ現在のカフェタナカとは縁遠い。そもそも田中さんは、なぜ菓子職人を志したのか。

「子供の頃、あんこが嫌いで食べられなかったのです。父や妹は、お饅頭を何個も平気で食べる〝和菓子党〟でしたが……」と田中さん。和菓子よりも洋菓子が好きだったのだ。しかし、名古屋は和菓子文化という土地柄、普段家族でコーヒーを飲む時は、饅頭が出てくる。そんな田中さんにとって、ケーキは「栄のデパートに行くと買ってもらえる、貴重なお菓子」だった。

しかし家族でお茶を飲むのは、子供心にも楽しい時間だった。10代の終わり頃、「父のコーヒーに合うケーキを自分で作ろう」と思い始めた。東京に行った時、有名なケーキ店「オーボンヴュータン」の河田勝彦シェフのケーキと出合い、衝撃を受けた。

「うわぁ、フランスのお菓子ってこういうものなんだ、と思いました」

思い立ったらすぐに行動するという田中さん。「20歳になった時には、お菓子の勉強をしにフランスに行きたい、と口に出していました」。しかし、娘が大好きな父は、わが子を遠くにやりたくない。

短大で食物を専攻し卒業した後、1990年から東京のフランス料理学校「ル・コルドン・ブルー」日本校の製菓コースに1年間通うことになった。名古屋からなら通える距離だ。新幹線を使ったり友人の家に泊まったりして通学した。

当時「ル・コルドン・ブルー」はブームで、私の友人にも「花嫁修業のため」と通っていた人も多かったが、田中さんの場合は花嫁修業では終わらない。この学校は、プロを目指す道の途上だったのだ。

「東京もパリも、名古屋から出るなら一緒」というかなり強引な理由で、1992年、誰にも相談せずにパリ行きを決めた。資金はアルバイトでためた貯金だけ。妹の千寿さんは、当時を振り返って笑う。「姉がフランスに行くと決めた時、家族が何か言う前に、家からいなくなっていましたね」。

「思い立ったら一直線」なタイプだ。

フランス語の勉強を始めたのも、渡仏を決めてから。「マスターする時間もなく、行きの飛行機で『アン・ドゥ・トロア』と数の復習をしていたほどです」と田中さん。パリに着いて1カ月語学学校に通った後、製菓学校「リッツ・エスコフィエ」に学ぶ。授業は全部フランス語で、製菓についても一定レベル以上の技術のある生徒しか取らない学校だ。

「パリに行ったら、どんどん楽しくなっていきました。フランスにはお菓子の歴史と伝統があり、それが時代とともに進化しているのです。パリにはそのすべてがありました」

フランスには、味はもちろん素材、食感、美しさ、そして伝統が加味された、完成度の高い菓子文化がある。それこそ、マリー・アントワネットが食べたケーキのレシピが受け継がれているかと思えば、地方の素朴な伝統菓子もある。様々な菓子との出合いと発見、そして興奮の連続だった。

特に感動したのは、モンブランだ。実は田中さんは、日本の「黄色のクリームのモンブラン」が嫌いだった。しかしパリのモンブランは、全く違う。「南仏やイタリアの栗を使った、茶色いモンブランでした。ベースは柔らかいスポンジケーキではなく、メレンゲなのです」

フランスでは、メレンゲ菓子を食べる習慣がある。「あちこちのパン屋やお菓子屋には、メレンゲが無造作に積んであり、皆おいしそうにかじっているんです。パリで初めてメレンゲはおいしい！　と感動しました」

カフェタナカの人気菓子、イチジクのタルトや色とりどりのケーキ

フランスで、フルーツと焼き菓子に目覚める

カフェタナカではイチゴ、ミント、アーモンド味などの菓子「ムラング（メレンゲ）」が袋入りで売られている。秋冬しか味わえないカフェタナカの人気商品であるモンブランも、メレンゲをベースにしている。カフェタナカのメレンゲは本場パリと同様、オーブンで6時間乾燥させるという製法だ。オーブンをメレンゲだけで数時間占領するのは、当然効率が良くないが、ここにも田中さんのこだわりがある。

「マルシェ（市場）に行けば、色とりどりのフルーツが山のように積んであります。フランスでは、フルーツそのものがとても力強いんですよ。そういった季節の素材を生かしたタルトが、またおいしい。当時の日本では、素材を生かしたお菓子作りが弱い、と感じました」

今はブームになった「マカロン」も、90年代のパリで初めて知った。アーモンドの粉を使うのが新鮮だった。日本ではアーモンド粉といえばカリフォルニア産が主流だったが、スペイン産のアーモンド粉を使うと、少しビターな大人っぽい味が出る。そして、焼きこむほど「うま味」が増すという。

「粉、卵、バターなどの乳製品、そしてフルーツと、素材が日本とは全く違う。特に焼き菓子は、しっかり焼きこむほどに、口に入れた時に素材のハーモニーが広がるのです」

「タルトのおいしさは、焼きこむほど季節のフルーツの個性とアーモンドが一体となっていくところ。本当に、お菓子を作っているだけでうれしくなってきてしまうんですよ」

情熱的に語る田中さんの顔も、満面の笑顔だ。20代だった頃の田中さんが、初めて訪れた海外でまるでスポンジのようにフランス文化を吸収していく様子が、目に浮かぶようだ。

1年で卒業すると、トゥール・ダルジャンなどのレストランや、フォションや町の菓子屋で、修業の日々が始まる。つても知り合いもいないパリ。最初は半年で帰国する予定だったが、もっと勉強したい一心で賢明に道を探した。徐々に知り合いもできた。日本人は真面目なので、雇ってくれる店も見つけやすい。

しかし、毎日早朝5時から始まる厳しい仕事だ。3食賄い付きだが、大抵は無給かお小遣い程度の給料しかもらえない。

今でこそ女性の菓子職人も増えたが、そもそも男性中心の世界である。日本人の女性が修業をするのは、並大抵のことではなかったのではないか？

「厨房に入る時は、〝女〟を忘れるべきですね。女であることを相手に感じさせないようにしていました」と田中さんは言う。25キロの粉の袋、巨大なバターの塊、ずっしり重い果物のケース……。重いものも率先して運んだ。女性だからと躊躇していては、先に進めない。トイレも更衣室も、女性専用はなく男性と一緒だった。

体つきが、渡仏前の2倍くらいたくましくなったという田中さん。パリでの修業の日々が、彼女を体から作り変えたのだ。

そして職人の世界は、先輩を見て覚えるのが基本。言葉の壁もある。常に食らいつくように先輩の手元を見て、ひとつでも多くを学ぼうと努力した。おかげで注意力と集中力がアップしたという。

日本への無理解や偏見も、なくはなかった。今でこそ日本食が世界的ブームになったが、当時はそうもいかない。「働いていた店で、賄いで日本料理を作ってみろと言われていなり寿司を作ったら、『何、この甘いの?』『料理に砂糖を使うなんて』と呆れられてしまいました」

卵を割っていたら、黄色の卵黄を指差して「ほら、お前だよ」と嫌味を言う人もいた。しかし、そんなことは全く気にならないほど、田中さんにとってパリでの日々は濃密だった。

「やる気があれば、任せてくれる」という実力本位の世界。チャンスは誰にも平等だった。借りていた部屋には寝に帰るだけという生活だったが、これ以上ないほど充実していた。

喫茶店の娘だった田中さんは、パリのカフェ文化にも魅せられた。

「日常の中にカフェがあることも、私がパリに親しみを感じた理由の1つでした。パリでは多くの人が、長い時間をカフェで過ごします。さまざまな人がいろいろな目的でやってきて、出会いがあり文化が生まれる。父が喫茶店でやろうとしていたことと、似ていたのです」

1994年、23歳で帰国。店を継ぐか否かの選択をする時期にきていたからだ。バブルが崩壊し、名古屋も喫茶店が激減、ファストフードのカフェが進出してきた。父の持つ店も、いくつかは人に任せるようになった。「コーヒータナカ」は、〝昔ながらの喫茶店〟という業態を変えざるを得なくなっていた。

東京で1年ほど働いた後、1996年に名古屋に戻った田中さんは、「コーヒータナカ」を「カフェタナカ」へとリニューアルする仕事に着手した。まず、昔ながらの面影を残しつつ店内にテラス席を作った。パリのカフェでよく見かけたテラス席も、当時の名古屋ではまだ〝走り〟だった。

さらに、店舗の2階にラボ（菓子工房）を作った。田中さんはここで、オリジナルの菓子を作って売ろうと考えたのだ。パリで五感を精いっぱい使って吸収したことを、今こそ家業に生かす時が来たのである。

この時から田中さんはラボにこもって、菓子作りに熱中した。「後になって父に聞くと、ラボを作ったことを激しく後悔していたそうです」。娘の求めるまま、半信半疑で菓子作りを許した父。しかし娘は1日中ラボから出てこない。何時間も座って考えているかと思えば、突然立ち上がり、麺棒で生地をたたき伸ばし始める……。試行錯誤の日々が続いた。周りで見守る家族も、さぞ心配だっただろう。

「当時父が言ったのは、一言だけでした。『菓子を出すのは自由だが、店は年中無休だ。今日は出すが明日は出さない、というのは許されない。自分がおいしいと思う菓子を、365日きっちり作りなさい。お客様の信用を失うまねだけはするな』」

客はコーヒーとタバコが目当ての男性ばかり。どんな菓子を出せば焙煎コーヒーに合うのか、お客様が喜んでくれるのか……。考えた末、田中さんが最初に選んだのは、ふわふわしたスポンジのクリームケーキではなかった。

「焼き菓子と季節のフルーツのタルトなら、コーヒーに合う」

何よりこの2つは、パリで田中さんを最初に魅了した菓子だった。

ケーキ用ショーケースの規格サイズは、最小で1500センチ。それでもまだ大きくて、1200センチの小さなケースを注文した。最初に作って並べたのは、5種類の焼き菓子（タルト・オ・フリュイ、ショコラ・ド・パリ、タルト・オ・ポワール、フロマージュ、ズコット）だ。跡取り娘がたった1人で焼き始めた菓子で、カフェタナカの新時代が始まった。

改装して年商2倍に

1995年、「コーヒータナカ」を「カフェタナカ」にリニューアルする際、田中千尋さんは、名古屋ではまだ珍しかったオープンテラスを作った。イメージはもちろん、パリのカフェの姿だ。ふわふわしたケーキが苦手な男性客にも喜んでもらえるような、焼き菓子を出した。

気がつくと、いつの間にかお菓子が目当てのお客が増えていた。誰が座るのだろうと思っていたテラスも、近所の人が来て新聞を読んでいたり、常連の男性客が妻や子供を連れてきて座っていたりする。これまでの顧客を失わずに、父親が始めた「コーヒータナカ」は、徐々に娘の「カフェタナカ」に変わっていった。

「ケーキを焼くのは私1人でしたが、父が店を見てくれて、母と妹が売ってくれる。とても心強かった。私たち家族は、本当にこの店が大好きなんです」

店内には、クラシックな家具や絵はそのまま飾り、レトロな雰囲気を残した。父と娘の趣味をバランスよく採用しつつ、改装を重ねていった。

売り場スペースも広げ、15種類のタルトを中心にした焼き菓子を並べた。タルトは、素材となる果物や欧州から輸入するアーモンド粉など、原材料にこだわって作る。このため、菓子としては採算が取りにくい。しかし「長く続けていくために、いいもの、おいしいものにこだわって作っていきたい」という田中さんの信念は、パリで初めて感動を受けた時のまま、揺るがない。

カフェタナカをリニューアルして5年が経つと、百貨店のケーキフェアの催事に呼ばれるようになった。当時女性のパティシエは珍しく、実演販売をしてほしいというリクエストも入る。

「製造担当者も少しずつ増やし、ホールスタッフのアルバイトも増やしました。でも、1週間のケーキフェアに出ると、朝から晩までデパートで実演しなければいけません。この店もあるし、明らかにキャパオーバーになってしまいました」

ケーキフェアの間は店に泊まり込み、仮眠を取りながら菓子を焼く日々が続いた。しかし催事をこなしたことが実績となり、2003年にJR名古屋駅の高島屋から「ぜひ、地元の洋菓子を入れたい」と出店の話をもらった。

「正直言って、迷いました。個人店で作って売るのとデパートに出るのは、全く違う世界なのです」

デパートへの出店について、他のパティシエ仲間の多くは反対した。量産は利かないが、良質なのが手作り菓子の売りなのだ。こうした店が百貨店に進出した途端に味が落ちる、という話をよく聞く。田中さんの、これまでの菓子へのこだわりが貫き通せなくなるのでは、と親身になって忠告してくれた人もあったのだろう。

「でもチャンスは自分たちでつかんでいくしかない。これまで、家族で一緒に店をやってきたのだから、もう一回皆で頑張ってみよう、と出店を決めました」

高島屋の話が持ち上がる少し前、田中家は闘病中の母を失っている。父は妻を亡くしてから、第一線を退いた。店の行く末は、跡取り娘である田中さんと妹の肩にかかっていたのだ。

高島屋に出店を決めた当初は本当に厳しかった、と田中さんは振り返る。

「朝5時半から夜中の12時、1時まで、8人のスタッフがフル稼働しないと間に合わないのです。小さなラボで作っていた生産量が2～3倍になりました」

毎朝5時前に起きると、田中さんはまずスタッフを電話で起こし、真っ先に店に来てオーブンに火を入れる。そんな日常がしばらく続いた。あまりの大変さについてこられないスタッフは、どんどん辞めていった。

「今はスタッフが育ってくれて、だいぶ楽になりました。ラボには12人位が製造担当として時間別に働いています」。菓子作りは店によって手法が違うので、店の中途採用はあまりなく、新人を一から育てる場合が多い。

「うちのような手作りのお菓子は工場生産とは違い、人の力、職人の力、素材に対する愛情が要なんです」

カフェタナカのラボで働いているのは、ほとんどが女性だ。「でも、よほどやる気のある人でないと勤まらないんです」と田中さんは言う。また、菓子職人を志す人でも、カフェタナカに入るとまずは販売の仕事を任される。「最初からお菓子作りではなく、販売やホールスタッフの仕事から始めてもらうのは、カフェタナカの〝ものづくり〟のスタンスを理解してもらうためです」

カフェタナカのコーヒーは自家焙煎、お菓子も手作り、紅茶もフランスのメーカーから直輸入だ。すべては、お店に来たお客がいかに喜んでくれるか、くつろぎ、楽しんでくれるか、それが原点にある。販売やホールの仕事を通じてお客の顔を直接見ることで、スタッフはそれを学んでいくのだ。

「お客様にも素材の生産者にも感謝の心を持って、お菓子を作っていきたいのです。大切に作り上げられた素材を、大切にお菓子にしていく。衛生面の管理も学んでほしいので、パッキング作業は全員でやります」

日本では、田中さんのパリ修業時代のように「見習いは無給」というわけにはいかない。給料も出すし、遠方から来るスタッフには寮も用意しないといけない。また、パリの店の親方のように厳しくしていたら、最近の日本人のスタッフはついていきてくれない。

だが田中さんは、商品である菓子作りに妥協はしない。

「人それぞれ習熟度が違うので、1人ずつ教えます。手作業なので、素材の混ぜ方や合わせるタイミング、温度などによっても、出来は全く違ってくる。量産をしない手仕事です。たとえ15年経験のあるスタッフに対してでも、カフェタナカの商品として出せない出来だったら、はっきりと言います」

そんな田中さんについてきてくれるスタッフは、正社員だけで25人以上いる。彼らへの給与を確保するためにも、安定した販売収入が不可欠だ。

「お菓子は季節の商売です。お歳暮、お正月、ひな祭り、バレンタインデー、母の日など、イベントが続く冬から春までが忙しく、夏は暇になります。デパートの仕事に慣れてからは、年間の収益が安定するように、結婚式のお菓子を引き受けたり、ネット販売も始めました」

特別仕様のバースデーケーキやウエディングケーキは人気がある。「子供の頃、2段、3段重ねのケーキに憧れましたよね。百貨店の仕事が一段落してから、お客様の立場で『こんなものがあったら……』という特別なケーキを始めてみました」

焼き菓子を全国に配信する千趣会などの仕事も引き受け、人気のお菓子教室も、安定した収益源になっている。最初の頃は夕方までに仕事を終わらせて、小さなラボで週1回教えていた。今はカフェの3階をアトリエに改装し、週3日、昼夜のクラスで教えている。1回の生徒数は10人で、現在の生徒数は100人。生徒を連れてフランスに行くこともあるという。

キッチンスタジオの横はグランドピアノを置いたリビングスペースで、ジャズからクラシックまで幅広いジャンルのアーティストによる月1回のコンサートも開催する。父のギャラリーを閉めてしまった代わりに、文化イベントとして始めたのだ。3000円のチケットはすぐに完売となり、お菓子教室同様、店を中心に人と人の交流の源になっている。

「最初はオーブン1台で始めましたが、今では4段のオーブンが3台あります。設備投資も大変です。ミキサーも、いいものを買うと1台300万円。機械を1台買うごとに、あと何年働いたら返せるのか……と思うこともあります」と田中さんは言う。「実は、お菓子作りをするよりも、余分なコストがかからない分、普通の喫茶店の方がずっと収益率はいいんです」

しかし、同じ業態を続けていくのは限界がある。現在のタナカの年商は3億円。12年前、カフェに改装した当初の2倍になっている。「この店は44年目。時代のニーズに合わせて付加価値をつけ、まだまだ変化していかなくてはなりません」

今は空前のスイーツブームだ。今のように、海外のパティシエが次々日本に出店するような状況は、12年前では考えられなかった。駅前のトヨタ自動車のミッドランドスクエアにも、銀座の人気ショコラティエ、ピエール・マルコリーニが出店して話題になった。

「今は、すごい勢いでお菓子屋が増えていますね。パティシエもメディアへの露出が先行して、ブームになると現場が回らなくなったりします。現地で地味にやっている人たちが、スターとして消費されていってしまう。でも、いずれは淘汰されていくと思います」

生き残っていくには、何が必要なのか？　デパートは半年先の提案を要求するので、常に新商品を検討している。12年前、小さなショーケース1つで始めた菓子が、今は3つのショーケースにいっぱいだ。

カフェタナカの菓子は、果物を中心にしていることもあり、季節性の強いラインアップだ。秋しか出ないモンブランは、遠くから食べに来る人もいるほどの人気商品。お土産需要が増え、「名古屋フィナンシェ」に加え、コーヒー味のロールケーキにアズキを隠し味にした「名古屋ロール」も開発した。

しかし、菓子作りの基本はいつも変わらない。

「まず、素材ありきなんです。塩尻の洋ナシ、小布施のアンズ、安曇野のリンゴ……。どれも生産者と実際に会い、素材を目で確かめてから仕入れます」

田中さんがフランスに毎年行くのも、現地で素材を探すためだ。今年はブルターニュの塩田、栗のペースト工場、ピュレの生産工場を見てきた。塩バターキャラメルで有名なアンリ・ルルーさんに会った。「もともとブルターニュの塩が好きで使っていたのですが、塩田を見て塩の力を再認識しました」。外側に粒塩のついた塩キャラメルのケーキや、塩バターガレットは、カフェタナカの人気商品だ。

いい素材へのこだわりは、田中さんの菓子作りのベースである。地球温暖化の影響で原料費も高騰しているが、これだけは譲れない。

菓子に対する情熱と愛情で突き進むシェフの、ちょうどいいストッパーになってくれるのが、経理担当の妹の千寿さんだ。「姉は進む道をこうと決めたら、後から周りに相談するタイプです」と姉を評する。

「姉は本当にタフで健康。のめりこむと情熱も人一倍ですが、周りが見えなくなってしまうこともあるので、私が『お客様は、こちらの方が好みじゃない？』とアドバイスすることもあります」

デパート出店の頃はほとんど寝る時間もなく、千寿さんも心配していたという田中さん。やっと最近落ち着いてきたが、ここにきて大きな決断をした。新たな出店である。

三重県にある日本最大のアウトレット、ジャズドリーム長島が、カフェタナカへの出店を依頼してきたのだ。２００７年9月オープンの新店のためにスタッフを増やし、体制を整えている。

「今の厨房は本来ではあり得ないくらい狭いので、今度の店は大きな厨房を造り、10枚出しのオーブンを入れました。アイスクリームにも力を入れて、おやつのようなデザートも出していきます」

5年前に結婚した田中さんのパートナーも、もとは会社員だったが、この出店でカフェタナカを手伝うことになった。

決断をする時は家族に相談するが、田中さんの父は「お前は、相談してくる時にはもう決意を固めているんだから、聞きたくない」と言うそうだ。「そこをつかまえて、聞いて納得してもらえるように話をするんです。私が動くと家族を巻き込むことになるから、家族は運命共同体ですね」。田中さんがいったん決断したら、家族とスタッフ全員がサポートし、一丸となって進む体制ができている。

女性経営者の取材をしていると、儲けより「これがやりたい」「こんな商品を作りたい」という気持ちが先行している場合が多い。田中さんの場合も、やりたいことに一途に注ぐ情熱が、周りを巻き込み動かすパワーとなっている。そして、周りが支えればそのパワーは何倍にもなる。田中さんには家業というベースがあり、家族という支えがあるのだ。

「いつか父が理想としたようなカフェを作りたいですね。いろいろな人が思い思いに集まってきて、交流して、文化が生まれる。ビルや商業施設の中ではなくて、山の中のような自然に触れられる環境の中で、いいものを作っていきたいです」

そこには田中さんの作ったお菓子を食べて、笑顔になる人たちがいる。カフェが大きくなるにつ

（写真：早川俊昭）

れ、経営や人材育成など、菓子作り以外の問題が跡取り娘の肩にかかってくる。しかし田中さんの道がぶれないのは、その根底に「楽しかった家族のティータイム」の思い出があり、小さい頃から喫茶店でいつも見ていた、「お客様が喜ぶ顔」があるからなのだろう。

高校生から、杜氏見習い。造り酒屋を自らの酒で変える

酒造業5代目

京都・丹山酒造　清酒製造部

長《は》谷《せ》川《がわ》渚《なぎさ》さん

１９７８年京都生まれ。丹山酒造４代目社長、長谷川敏朗氏の次女。丹山酒造５代目であり、全国でも珍しい女性杜氏でもある。滋賀県の日本醸酵機構余呉研究所、東京農業大学の研究生を経て、現在は杜氏として修業中。「利き酒師」の資格を持つ。

長谷川渚さん

姉の中村万里子さん

毎年3月になると、京都嵐山のトロッコ嵯峨駅から、トロッコ列車が走る。鉄橋の遥か下、保津渓谷の流れに目を奪われていると、片道7・3キロ・25分の道のりもすぐに終わってしまう。風情ある旅の終点が、トロッコ亀岡駅。この町に丹山酒造5代目であり、全国でも珍しい女性杜氏がいる。丹山酒造4代目社長である長谷川敏朗さんの次女、長谷川渚さんだ。

京都の西、嵐山の上流に位置する亀岡市は緑と水の町と言われ、なだらかな山すそに田園風景も見られる。かつては、明智光秀が亀山城を築いた城下町でもある。「家の横に酒づくりの蔵があって、小さい頃はそこが遊び場でした。お酒がお米と水からできるというのが面白くて、いつかは自分でやりたいと思っていたんです」と長谷川さんは言う。

「高校生の時に、この道に入りたい、そしてどうせなら手に職をつけたいと思いました」

杜氏を目指す長谷川さんは18歳で高校を卒業してすぐ、酒造職人になるための最も近道を選んだ。滋賀県の日本醗酵機構余呉研究所に研究生として入り、ここで1年間、そして東京農業大学で研究生として半年学ぶ。その後家業に入り、南部杜氏の阿部芳雄さんのもとで杜氏の修業を始めた。

東京農大といえば、醸造化学科には造り酒屋の娘や息子が何人もいると聞くが、長谷川さんが4年制のコースを選ばなかったのは「1日も早く職人になりたい」という思いからだった。

造り酒屋の跡取り娘なのに、長谷川さんは職人志向だ。普通、創業者の一族が製造者である杜氏を目指すのは珍しいという。ましてや、女性杜氏はもっと珍しい。『夏子の酒』という漫画で女性杜氏が注目されたことは記憶に新しいが、関西でも女性杜氏はまだ数人だという。

そもそも杜氏とは、収穫を終えた雪国の農家の男たちが蔵人《くらびと》という酒造職人として出稼ぎをする、季節労働者のことを言う。四季醸造の技術のない時代、酒は「寒造り」と呼ばれ、冬にだけ行われていた。11月に始まり、3月までの「100日」が酒づくりの期間だった。こうした蔵人たちの長が、杜氏である。

優れた技術を持った杜氏たちは出身地別に流派に分かれているが、中でも「杜氏といえば丹波」といわれるほど丹波は酒造が有名で、灘の酒の名声とともに、丹波杜氏の名も全国に広がった。丹山酒造は、丹波杜氏の流れを汲む灘の名酒の蔵元である。

長谷川さんは19歳で家業の杜氏見習いとなる。当時の丹山酒造では、杜氏と社員3人と長谷川さんの、総勢5人で酒をつくっていた。長谷川さんが蔵に入る時、母親は杜氏に「渚を甘やかさないようにしてください。覚えるのが遅くなりますから」とお願いしたそうだ。

「酒づくりは11月からの冬場の仕事。実際に蔵に入ると、とにかく寒いんです。お酒は低温発酵なので、暖房が使えません。それに、30キロもあるお米の袋を担がなくてはいけないんです。酒づくりの期間は、毎朝5時半から仕事でした」。この華奢な体で30キロのお米を担ぐのかと驚いたが、「コツを覚えれば大丈夫です」と笑顔で答える。昔の米俵は60キロもあったそうで、「昔だったら、女性の杜氏は無理だったと思います」と長谷川さんは言う。

杜氏としての仕事を始めてから、「最初の2～3年はしんどかったですね。1月の成人式の頃はお酒の仕込みのピークなので、式には出られず、夕方に振袖を着て挨拶回りだけ行きました。夜は仕事はないのですが、あまり遅くまで友達と出かけたりすると、翌朝が早いのでしんどいのです。友達は理解してくれましたが、夜のつき合いには行かなくなってしまいましたね」

20歳前後といえば、就職したり大学に進学した友人にとっては、一番楽しい時期だ。そんな時に長谷川さんは早朝から、人がすっぽり入れるような大きなホウロウのタンクに入って、中の掃除をする。今の若い人なら、敬遠しそうな職場である。しかし「タンクの洗い方が悪いと、よく怒られました」と訥々と語る長谷川さんは、柔らかな京都弁で、たおやかな京美人。その内には、粘り強い職人の気質のようなものが一本しっかりと通っているのだ。

いったい酒づくりの何が、彼女をそこまで惹きつけるのだろう？　ある日長谷川さんは、杜氏から「酒づくりは生き物相手の仕事だから、手を抜いたらそれだけのものしかできないよ」と言われたそうだ。「発酵は毎日進みます。搾ってお酒ができるまでは、成功か失敗かわからない。半日間違えると、甘さや辛さの微妙な具合が違ってきてしまう」。そんな奥深さが、長谷川さんを夢中にさせる。

酒づくりの工程は「米を洗う」「蒸す」「仕込み（米を、水と酵母と麹に混ぜ、タンクで2週間かけて発酵させる）」「もろみ（できた酒母を大きいタンクに入れ、さらに水、麹、蒸し米を加えて20

日間発酵させる）」「搾り」となる。

丹山酒造の蔵には人の背よりも高い15個のタンクが並ぶ。全工程を1日ずつずらして仕込んでいき、毎年1200石（約216・5立方メートル）分の酒ができる。最近では、温度調整のできる蔵で年間通して酒づくりをしている蔵元もあるが、丹山酒造では昔ながらの手法を守り続けているのだ。

「酒づくりの期間は、毎日気が抜けません。仕込みの温度設定、発酵の進み具合は、外気の温度でも全く違います。段取りが分からない頃は毎日がいっぱいいっぱいで、余裕がありませんでした」

「見て覚える」が基本の、職人仕事。しかし、厳しい分喜びも大きい。19歳で初めて蔵に入った時、長谷川さんがつくった酒がある。名前は「渚 大吟醸」と「渚 純米吟醸」。命名者は、恩師である農大の小泉武夫さんだ。「お酒に自分の名前をつけるのは、最初は恥ずかしかったですね。でも酒づくりがやりたくてこの世界に入ったので、自分のお酒ができるんだ、と感慨もひとしおでした」

「渚 大吟醸」「渚 純米吟醸」から10年。育ててくれた杜氏も引退し、今年から製造部の男性社員4人と長谷川さんで、酒づくりをしている。今では、どの蔵元も自分たちで製造をやるようになっている。杜氏たちも高齢化して70～80代となり、後継者がなかなか育たないためだ。杜氏たちに代わるのは、彼らの「技」を「科学」で伝承しようという試みだ。丹山酒造のように昔ながらの酒づくりにこだわる蔵元もあるが、コンピューターを使い、1年中安定して酒造管理ができる最新技術を追求する蔵元がどんどんでてきている。

蔵元の中には、後継者が育たずに廃業していくところもある。長谷川さんの祖父の時代は亀岡市に5軒あった蔵元も、今は3軒になった。京都洛中にいたっては、1軒しか残っていない。酒づくりに使うための井戸水が涸れてしまい、廃業した蔵元もある。しかしその分、「京都の地酒」というブランドの希少価値が増しているのも確かだ。

跡取り娘のブランディング

酒づくりに欠かせないもの、それは米と水である。蔵には独自の名前があり、丹山酒造の蔵は「宝萬蔵」と呼ばれるのだが、「宝萬蔵」には5つの井戸がある。

「涸れたことのない井戸で、そのうち1つを酒づくりに使っています」

仕込みに入る前、蔵の者はみな井戸の神様である「水神さん」に手を合わせる。もともと亀岡にある出雲大神宮《いずもだいじんぐう》は、縁結びで有名で、御影山からわき出た水は幸運を呼ぶ御神水とされ、遠くから汲みに来る人々でにぎわう水の名所だった。名水の地だからこそ、亀岡には酒づくりが根づいているのだ。

「出雲大神宮の水を仕込み水にしたお酒もあります。酒米は最高級米の山田錦を使いますが、地元

丹山酒造の社是

ボトルのデザインにもこだわりが…

亀岡産の米を使ったお酒も造っています。3年前から契約した田んぼで、夏場は社員が米作りをするんです。有機栽培に近づけるし、どんな原料か自分の目で見える。地元の方にも喜んでもらっています」

原産地主義が大きな強みになる昨今、もともと厳選していた原料に、さらにこだわるようになった。丹山酒造のウェブサイトには「田んぼの風景」というコーナーがあり、季節ごとの田の様子が見られる。

現在丹山酒造では8種類の酒を作り、商品数は常に25銘柄ほどある。純米の「丹山」は、創業以来120年以上になる最も古いブランドだ。醸造酒は精米歩合が7割以下（米の3割を削ったもの）で、吟醸酒は精米歩合が6割以下、大吟醸はさらに米を削って5割以下のものを言う。

試飲させてもらうと、様々な味わいが体験できる。飲み比べると、同じ日本酒でも原料や製造法によってこれだけ違うことに驚かされる。「京都は軟水なので、飲みやすいまろやかな味になります。薄味の京料理に似合うのが京の地酒なんです」と長谷川さんは言う。

最近は、吟醸と大吟醸の出荷が増えている。長谷川さんが蔵に入った90年代後半は赤ワインブームだったが、次に吟醸酒がブームになった。その頃から「高くてもおいしいお酒がほしい」という要望が増え、4~5年の間焼酎ブームが続いている。希少価値のあるブランドが高値なのは、日本酒も焼酎も同じだ。

出荷したものはほとんど売り切れてしまうが、丹山酒造では無理に量産せず、ブランドの価値を守るという戦略を取っている。「06年はお米を29％まで削った大吟醸を仕込みました。07年の1月1日に搾って、出来たてを紹介したんです」と、酒づくりの話をしている長谷川さんの目は輝いている。

丹山酒造の店頭には、多彩なボトルが並べられている。重厚な蔵の歴史と伝統を感じさせる酒瓶から、きれいな色のガラスの瓶まで、それぞれのボトルのデザインにもこだわりが感じられる。

次につくる酒の内容や、ボトルやラベルのデザインなどの企画は、家族会議で話し合うそうだ。多くのアイデアを出しているのは、京都の織物屋から丹山酒造に嫁いできた、長谷川さんの母親だ。白ワイン風の低アルコール純米酒「飯櫃《ぼんき》」は、甘酸っぱく爽やかで、女性を中心に大ヒットした。また、ＮＨＫ大河ドラマ「新選組！」に合わせてつくった期間限定の「幕末の青春」や、阪神タイガースとの共同企画で阪神百貨店限定販売の「猛虎の力」という黄色いボトルもある。

丹山酒造の酒のラベルの文字はすべて、長谷川さんの母が依頼して、比叡山延暦寺の大阿闍梨《おおあじゃり》（天台宗・真言宗で、特定条件を満たした僧に与えられる高位）に墨書してもらっているそうだ。

これらの商品は、丹山酒造蔵元の店頭と京都市内の伊勢丹デパートやその近くの土産物屋で、京都の地酒として販売されている。京都限定の商品も多いが、全国のデパートの京都物産展などに出店することもある。また、インターネットによる販売もしている。

一部の商品は、海外にも輸出している。京都以外と海外の営業を担っているのは、長谷川さんの姉で丹山酒造営業の中村万里子さんだ。中村さんは、2年前に結婚して東京に出てきた。夫は京都出身だが、東京で勤務している。中村さんにお話を伺ったのは、ちょうど新宿・伊勢丹デパートでの京都物産展に丹山酒造も出店し、長谷川渚さん、中村万里子さんの姉妹が揃って販売に来ていた時だった。

営業担当の姉、製造担当の妹

中村さんも、高校を卒業してすぐに丹山酒造の営業を担当した。「妹は製造、姉は営業」と姉妹2人で家を継ぐことに決めたのは、自然な成り行きである。長谷川家には兄もいるが、早くから「自分は家を継がない」と宣言したそうだ。

「営業としての私の初仕事は、お客様にうちの蔵元に寄ってもらえるよう、団体のバスツアーに売り込むことでした」と中村さんは言う。亀岡市の観光資源であるトロッコ列車の駅は、丹山酒造のすぐ近くだ。中村さんはある日、団体客を乗せたツアーバスが何台もトロッコ駅で待っているのを見て思いつき、旅行会社を1社ずつ回って頼み込んだ。19歳の時のことだ。

今では、観光シーズンになると、1日に6~7台のバスが丹山酒造の蔵元に寄っていくという。

その後酒店営業もし、10年前から京都駅そばのお土産センターにも丹山酒造の商品を入れるようになった。

中村さんが東京に来てからは、日本貿易振興機構（ＪＥＴＲＯ）を通じて海外への足がかりもつかんだ。「ドイツで開催したフードフェアに、ＪＥＴＲＯに窓口になってもらって出店したのです。日本料理店の経営者がたくさん来て丹山酒造のお酒を試飲してくれました。非常に飲みやすいと好評で、京都ブランドはどこにいっても通用すると分かったのがうれしい発見でした」と中村さん。

現在海外に輸出しているのは、前述の「飯櫃」と、シャンパンのような純米微発泡酒「ＪＡＰＯＮ」の２銘柄ほか、数種類だ。「高価格の大吟醸は、海外に出すとあまりにも高くなってしまうので、この２つが中心です。今は商社と組んで、ドイツ、米国、台湾、香港、シンガポールに出しています」。米国は、日本食とともに日本酒ブームだという。去年中村さんは、数回海外に出かけた。輸出商社は東京にあるので、東京にいる中村さんには、海外との仕事がやりやすい。

「せっかく関東にいるので、東では弱い西のお酒をもっと広めていきたいと思っています。最近また日本酒ブームが来て、伊勢丹さんの地下の売り場も日本酒のスペースが広くなりました」と中村さんは言う。

中村さんは、長谷川さんと一緒に次代の丹山酒造を担っていくパートナーである。物産展の会場に姉妹揃って並ぶ姿は珍しいそうだが、職人気質の妹と営業担当でしっかり者の姉という、とてもいい組み合わせに見えた。

長谷川さんの今後の抱負を聞くと、「今までは、同世代の女性に飲んでもらいたくて、飲みやすさを意識してお酒をつくってきました。これからは、昔ながらのお酒の味を残していくことを考えていきたい。日本酒本来の純米酒にこだわって、これまでと変わらずに日本酒一本で勝負していきます」という答えが返ってきた。

熟練の杜氏にとっても酒づくりは1年1年が勉強であるというほど、奥深い魅力を持つ日本酒の世界。その精緻な「技」と微妙な味わいを次世代に伝えていくのは、科学やコンピューターではなく、こんな家族たちの力なのかもしれない。

蔵元の美人姉妹は、意外なことに2人とも「お酒はあまり強くないんです」と言う。京都の人の言う「あまり強くない」は、どこまで額面通りに受け取っていいのかわからないが……。

それでも、子供の頃から酒粕が好きで「粕汁」はよく食べるという渚さん。最近は蔵にこもるばかりでなく、営業に出かけたり、地元の青年会議所の活動にも参加している。ちなみに「そういう場所で、〝お婿さん〟が見つかったりしませんか？」と尋ねると、少し考えてから「そうですね。でも、同じ跡取りでは困りますね」と小さな声で返事をしてくれた。

（写真:藤本 純生、p203右のみ皆木優子）

第五章

銀座、築地…男社会の中で奮闘する跡取り娘

ダイバーシティーなどという言葉がはやりだしたのはここ2、3年。まだまだ厳然たる「男社会」の業界は多い。その中で、跡取り娘という存在が、ぽつりぽつりと出てきている。一般の会社よりもずっと「男社会」の業界で、跡取り娘たちは、自分の立ち位置を模索している。

MBA取得の跡取り娘が銀座商人の魂を受け継ぐ

◆ビル経営5代目

亀岡商会　常務取締役

亀岡幸子《かめおかこうこ》さん

1969年東京生まれ。銀座対鶴館ビル4代目館主、亀岡信幸の次女として生まれる。高校から米国に留学。1996年に米国ワシントンDC、ジョージタウン大学でMBAを取得。帰国後、マイクロソフトにてマーケティングリサーチを担当、1999年より、1902(明治35)年創業の商社、亀岡商会およびビル管理会社、対鶴館を運営する。現在は常務取締役。

六本木ヒルズ、東京ミッドタウン……。都市再開発が進み、人々が集まる盛り場も刻々と場を移し、顔を変える。かつてもてはやされたホットスポットが、数年で寒々しいほど空ろな姿になることも珍しくないほど、東京は忙しい街だ。

しかし、銀座という街は不思議と廃れない。一時期、他の街に押されて元気がなくなっても、いつの間にかすました顔で復権している。古くて新しい。新しいのに、古い。そんな銀座が他の街と違う独特なポジションを保っていられるのは、やはり銀座の商人と呼ばれる人々が、独自の銀座文化を粘り強く継承しているからだろう。

今回の跡取り娘、亀岡商会常務取締役の亀岡幸子さんも、そうした〝銀座文化のDNA〟を継承する若い世代の1人だ。銀座には「XX通り会」といった組織が無数にあるが、亀岡さんは、創立55周年になる若手経営者を中心とした「銀実会」をはじめ、5つの銀座の町内会に所属している。

さらに出身校や業種などのカテゴリー別の会があり、外資系のブランドショップも独自の会を形成している。こうした会は網の目のように銀座を覆い、その結束の固さが独自の街の空気を醸し出しているのだ。

亀岡さんは、銀座の赤レンガのビルとして知られる対鶴館ビルの4代目館主の次女として生まれた。亀岡商会は新日本石油の特約店であり、主な事業は潤滑油の販売である。ガソリンスタンドも所有している。まずは、亀岡さんが家業に入るきっかけとなった対鶴館ビルの話から始めよう。

新しく地下にオープンしたBar & Dining『サンク』

晴海通りに面したソニープラザとエルメスの並び、並木通りとの交差点にある赤いレンガの建物が、対鶴館ビルだ。現在は1階に「コーチ」が入っているが、以前は野村証券の店舗があった。バブルの頃など、株価の変動時にニュースに映し出されるのは、たいていこの野村証券の店舗だったと記憶する。バブル時も、また崩壊の時も、テレビカメラは対鶴館ビルの株価掲示板に群がる人々を映し出していた。

銀座の象徴でもあった、赤レンガの対鶴館ビル

「このビルは、昭和50（1975）年に野村証券が初めて銀座に出店する時に祖父が建てたものです。銀座の商店街は、午後3時にはシャッターを下ろしてしまう金融機関の進出に強い拒否反応を示していたので、祖父は、ビルの角地のスペースを商店街のために空け、7階まで吹き抜けにしました。野村証券の担当の方は、『うちがこのビルを出る時は、日本がひっくり返る時ですよ』とおっしゃったそうです」と亀岡さんは言う。

しかし、野村証券の店舗は1999年に英国のドラッグストアBootsに変わっている。バブル崩壊、金融緩和、銀行再編など、金融業界は転換期を迎え、文字通り「日本がひっくり返った」わけだ。

対鶴館の初代は銀行業で、明治期には銀座で旅館を営んでいたという。その後は雑居ビルとしてテナント貸しをしていた。3代目に当たる亀岡さんの祖父がビルを建て替える時、外装の赤レンガにこだわったのは、銀座の象徴である「赤レンガ」「柳」「ガス灯」への思い入れからである。

ビルの地下には叔父が経営する「赤レンガ」という雑貨店とカフェがあり、8階は亀岡商会の事務所。1階から7階がテナントになっている。地下の店舗を持っているのは、「(経営に)苦労してもいいから、ここは自分たちで使いなさい。テナントは少ない方がいい」という祖父の方針に従ったものだ。祖父がこう主張したのは、「ビル建て替えの時にテナントがなかなか立ち退かないなど、苦労があったからです」と亀岡さんは言う。

「ビルの地下を任された叔父は、銀座で働く女性が利用しやすいような店舗作りを目指して、雑貨店とカフェを始めました。テナントビルというのは、テナントが入って順調なうちはいいのですが、出たり入ったり……ということになると、急に忙しくなるのです」

亀岡さんが家業に入ったのは1996年の野村証券の撤退がきっかけだが、それまでは家業とは全く違う道を歩んだ。高校から渡米して大学に進み、そこで就職するつもりだったのだ。

「高校の時にテキサス州に留学して、大学に進学しました。留学中は母の知人の家にお世話になっていたのですが、最初の5年間は日本には帰りませんでした。当時は日本の窮屈なところ、嫌なところばかりが目について、『アメリカは最高、このままアメリカ人になってもいい』と思うくらい、帰りたくなかったのです」

日本に帰りたくなかった理由の1つに、父への反発があった。銀座のビルオーナーで、〝銀座の旦那衆〟の1人である父親は、めったに家に帰らない人。家族で一緒に出かけた思い出もほとんどなかった。留学するまでは女子校に通い、周囲に男性がいなかった亀岡さんにとって、父という男性は遠い存在だったという。

「うちは祖母、母、私が真ん中の3人姉妹の女系家族です。今思えば、父が家にいづらかった理由もなんとなくわかるのですが」

父の突然の病気に帰国、会社の仕事を手伝うことに

米国の大学では哲学、文化人類学を専攻。「家出同然」と思っていた亀岡さんだが、大学3年の時に、父とのわだかまりが解ける出来事があった。

「5年ぶりに帰国した時のことです。父が、それまで行ったこともないようなホテルですき焼きを食べさせてくれ、洋服を買ってくれたんです。今までこんな経験がなかっただけに、不思議な感覚でした。この日は、父に何度も『ありがとうございます』と頭を下げたんですよ」

しかし父親は、「娘なんだから、このくらいのことをするのは当たり前だ。いちいち、ありがと

うなんて言わなくていいんだよ」と言った。もともと口の重い父なのだ。久々に帰国した娘への、精いっぱいの気持ちを表したのだろう。不器用なりに父は3人の娘をとてもかわいがっていたのだと、その時気づいたのである。「この時、長年の父への反発やわだかまりがすっと消えたんです。ああ親子なんだ、と改めて思いました」。思い出すと今でも顔がほころぶほど、うれしい出来事だった。

1992年、米国ペンシルベニア州のカレッジでの大学生活も終わろうとする頃、「哲学ではつぶしがきかないので、ロースクールに行こうか」と漠然と考えていた亀岡さんに、日本から「父が倒れた」という知らせが入る。

「父が大病をしたんです。あわてて帰国して、その後半年の間は、家族が結束して父の看病をすることになりました」

1989年に三菱地所がロックフェラータワーを買収したことは米国でも話題になっており、帰国当時の日本は景気がいいように見えた。父親は週に2~3回会社に出るまでに回復し、運転手代わりに付き添っていた亀岡さんは、会社の経理を手伝うようになる。しかし、「姉が婿を取って亀岡商会を継いでもらう」と思っていた亀岡さんには、自分が家業を手伝うという意識はなかった。

会社では祖父の代からのしっかりした〝番頭さん〟が仕切っているので、亀岡さんがやれることはあまりない。このまま父の秘書では中途半端だと、改めて自分の道を考え始める。

2年後の1994年、今度はワシントンDCの大学にMBA（経営学修士）留学をする。経営に興味があったわけではないが、MBAがあると就職の選択肢も広がると思ったためだ。

「でも私がMBAを取った頃には、日本のMBA神話は崩壊などと言われていましたが……」

1996年に卒業し、今度は迷わず帰国した。姉が会社に経理で入っていたので、自分は違う会社で働きながら家族のそばにいようと思ったからだ。「父の体が不自由なので、なるべく家に近いオフィスがいいと思い、笹塚にあったマイクロソフトに入社したのです」。ウィンドウズ95が発売された後で、活気に満ちた会社での仕事は、マーケティングリサーチ。ここには3年半勤めた。

しかし1996年に、亀岡家にとっての大問題が降ってわいた。それが、メインのテナントである野村証券の撤退だったのである。

撤退するテナントとの条件面を交渉し、同時に次のテナントを探さなければいけない。こうなると、「亀岡商会は30人ほどの会社ですが、これらの交渉をするには人手が足りません。そこで私はマイクロソフトを辞め、ビル管理の仕事で家業に入ったのです」。

新しいテナント探しといっても、こちらから探しに行く必要はない。さすがに対鶴館ビルは銀座の一等地だけあって、テナントを希望する企業は少なくないのだ。特に、海外のブランドが多かった。10社以上から依頼があったが、銀行が間に入って5社のプレゼンテーションを受けることになった。

銀座のビルのオーナーがテナントを選ぶ基準は何なのか。「まず、長くお付き合いできること。それから、なぜ銀座に出店するのかをきちんとわかってくださっていることです。銀座というブランドをただ利用するのではなく、街の品位や街のルールにのっとって、お付き合いにも参加してくれる。そんな会社にテナントとして入っていただければ……と思っています」と亀岡さんは言う。

〝銀座商人のＤＮＡ〟が亀岡さんにも受け継がれている、と感じたのはこの話を聞いた時だ。銀座の商店会の重鎮にインタビューをすると、銀座固有のルールのようなものが必ずベースにあるのだが、同じものが亀岡さんの話の中にも出てくるのである。

そもそも銀座は１８７２（明治５）年にできた新興商店街で、地元で商売していた家はない。天皇家が東京に移った時に、京都、大阪、大津、山梨、名古屋などさまざまな場所から来た商人が、寄り合いで作った商店街なのだ。皆で街をよくしていかなければ存立できないと、一致協力する気風が強い。だから銀座の街は、新しく来る人も拒まない。欧州のブランドも「新しいお客様を連れてくる」ということで、大歓迎なのだ。新参でも、しだいに「一緒に銀座をよくしていこう」と協力するようになる。

一方で、銀座には、暗黙のルールがある。「どなたが来ようと拒まないし、どなたが去ろうと勝手」ということだ。銀座に協力せず、なじまない店はいつの間にか去っていく。誰がそうさせるわけでもないのだが、そんな自然のフィルターがかかるという。

「正直に申しますと、テナント料金はよそより高い〝銀座価格〟です。銀座の1店舗だけの売り上げで賃料を賄うというのは難しいと、最初に必ずご説明します。看板料としての賃料と思っていただきたいんです」と亀岡さんは説明する。

野村証券の次のテナントは、1年がかりで決まった。英国から進出してきたドラッグストアＢｏｏｔｓである。マツモトキヨシがちょうど隣に出店してきたので、1997年当時は「日英ドラッグストア対決」と話題になった。

「テナント選びから交渉まで、叔父と私が行いました。テナントが決まれば私の仕事は終わると思っていたのですが、Ｂｏｏｔｓが決まった後で姉が会社を出ることになり、それでは私が代わりに会社を手伝おうと決めたんです」

それまで家族と会社に尽くしてきた姉は、もともとは絵の道に進みたかったという。留学して自由な道を歩んできた亀岡さんが、今度は姉の代わりに会社に入ることになったのだ。

Ｂｏｏｔｓが入って、対鶴館ビルは大きく様変わりした。1階はガラス張りの店舗に変わり、祖父のこだわった赤レンガは半分なくなってしまった。エスカレーターも設置し、大がかりな改装も行った。

しかし2年半で、Ｂｏｏｔｓは日本から撤退してしまう。その後、テナントとして入ったのは、真っ白なイタリア製の石の外壁の「コーチ」の店舗だ。コーチは、路面店としては国内第1号店を銀座の目抜き通りに構えたかったのだ。

社員のキャリアプランを考える

亀岡商会に入った亀岡さんの仕事は、ビル管理だけではなかった。メインの大手メーカーを取引先とする潤滑油と産業燃料の販売やガソリンスタンドの仕事がある。潤滑油販売はミシン油のような機械油から特殊な潤滑油まで扱う、専門性の高い商売だ。

営業は、油の専門家としてコンサルタントの役割もする。石油は元売りの石油会社から特約店というオーナー会社に卸されるが、この業界は、ほとんど「男の世界」だ。東京の特約店オーナーの集まりでも、女性は亀岡さんだけ。全国でもガソリンスタンドの女性オーナーは数人程度だと言う。全く知らない業界の勉強を一からしなければならず、また男性の年配者がほとんどの、業界のおつき合いも欠かせない。

「ガソリンスタンドも以前は4軒持っていたのですが、今は1店舗だけです。都心のガソリンスタンドはどんどん減っていきますね。都心では土地代もアルバイトの人件費も高いし、ガソリンの価格も高い設定になるのは仕方ないのですが、お客様には『高い』と文句を言われてしまう。ガソリンスタンドの経営は本当に難しいんです」

麻布十番のスタンドを閉めて賃貸マンションに商売替えしたら、収支は大きく好転した。しかしそうなると、ガソリンスタンドの従業員の行き先に困る。

「石油の仕事は業界全体の動向から見ても、ずっと続けられるかどうかわからない。次の事業を常に模索しています。年配の従業員が多いので、石油の仕事を辞めた時の働き先の確保として、新規事業を始めたこともあります」

それが、高齢者向け弁当宅配のフランチャイズ店だ。3年前に4店舗のフランチャイズを構えたが、550円の弁当を1個単位で宅配する仕事は採算が合わず、2年たたずに撤退した。

「人様のお役に立てて、年配の従業員にも仕事が確保できる。そんな気持ちで始めたのですが、自治体との契約を取れなかったのが、うまくいかなかった主な原因でした」

亀岡商会の社員は30人ほどだが、亀岡さんを悩ませているのは、社員のキャリアプランを立てづらいことだ。ガソリンスタンドのスタッフも、1店舗では将来マネジャーになれるとは限らない。かといって、いきなり潤滑油の法人営業をしてもらうのも難しい。

「うちは歴史だけはある会社なので、私が会社に入った時は、嘱託社員で勤続50年以上という社員もいました。私が入ってから、70歳過ぎの方は徐々に辞めていかれましたが、いつも社員のキャリアプランをどうするかが問題です。今は若い営業スタッフを中途採用して、社員の平均年齢が下がり、年功序列の給与体系の見直しや新しい組織作りに努めています」

ＭＢＡ（経営学修士）を持っていることもあり、亀岡さんにとっては5年後、10年後の自分のキャリアプランを考えるのはごく自然なことだった。

「でも、みんな同じじゃないんですね。面接の時、ある内勤の社員に『将来は専門職か管理職でキャリアアップできるように、準備していこうよ』とアドバイスしたら、それが逆に彼女のプレッシャーになってしまったんです」

「同じ仕事をひたすら続けていくのは辛いのではないか」という亀岡さんなりの思いやりだったのだが、結果は逆だったのだ。高校生からずっと米国で過ごした亀岡さんにとって、「ずっと今のままで満足、という人もいる」ということが、新鮮な発見だった。

父の右腕となり、会社を切り回していた管理部部長の〝番頭さん〟が70歳で退職した時、その後任選びは慎重に行った。誰の紹介も受けず、インターネットで人材紹介会社にアクセスして、３社ほどに適任者を探してもらったのである。

「誰かに紹介してもらうと、ダメだと思ってもお断りできない。重要なポストですから、適任者探しにはお金も時間もかけました。うちのような零細企業では、なかなかいい方に巡り合えないのですが、50代の不動産関連の管理部門経験者が来てくださって、採用は成功だったと思います」

彼を後任に決める時、まず畜産大学卒という経歴が目を引いたと亀岡さんは言う。面接の際、「高校の頃から動物が大好きで、その道に進みたかった」と目を輝かせて話してくれたそうだ。「良い大学から良い企業へ」というレールに身を任せるのではなく、高校生の時に自分が本当は何をやりたいかはっきりしていた、というのは評価すべきことだ。何よりも、人柄がいいことが決め手となった。「この時は、私が自分1人で選び、父には事後報告でした」

経営者として適切な人材を選ぶのは重要な仕事だ。亀岡さんは、自分の判断に誇りを持っている。

「社員を採用するに当たって一番大切なのは、正直に話をすること」と亀岡さんは言う。

「うちのような企業は、待遇面などで、同族会社ならではの不満も出てくると思います。その意味で、入社してから『話が違う』とやる気を失ってしまっては、本人にとっても会社にとってもマイナスです。ですから、待遇などは最初に正直にお話しして、理解してもらえる方、納得して下さる方かどうかを見るようにしています。採用とはこちらが選ぶばかりでなく、採用される側も会社を選ぶわけですから。お互いにニーズが一致すれば、ご縁ができます。いったん社員になってくれたら、最後まで面倒を見なければと思いながら選ぶので、互いに真剣です」

亀岡さんが経営を考える時、いつも最初に思い浮かぶのが社員のことだ。ここまで社員のことを考えようとする経営者は珍しいのではないか。

「それは、私にとって会社を継ぐことが当たり前ではなかったからかもしれません」

男兄弟のいない亀岡さんにとって、父親の大病は大きな転機だった。この先父に何かあっても、自分が突然会社をやめることなんてできないのではないか……。

気がつくと、急に社員のことが見えてきた。

「この会社でどんな人が働いているのか、実際に見てしまうと、もうやめられない。責任が出てくるんです」

石油業界は成熟産業で、新規開拓は難しい。大企業に権利を売り渡すオーナーも年々増えている。亀岡商会がそれをしないで踏ん張るのは、社員に対して責任があるからだ。会社をやっていくと決めたからには、前へ前へと進まなくてはいけない。

「対鶴館の地下のカフェはリニューアルして、新しいBar & Dining『サンク』がオープンしました。銀座で働いている人が、仕事帰りにふと立ち寄って息抜きできるようなお店にしたいですね」

銀座の街への貢献も、重要な仕事のうちだ。東京マラソンの時は、銀座の会の若手が総出で、警備や誘導に当たったった。

「100年銀座にいて、たくさん恩恵を受けているから、少しでもお返ししたい。夏には大銀座落語祭、秋には茶道の三千家を含む四流派が同時開催でお茶を点てる『銀茶会』や、銀座中が音楽会場となる『銀座インターナショナル・ジャズ・フェスティバル』があります。他にも、通常早く閉まってしまう画廊を夜遅くまで開けて、シャンパンでお客さまを迎える『画廊の夜会』というイベントもあります。こういった催しを通じて、銀座のよさをもっと多くの人に知ってもらいたいですね」

跡取り娘の取材をしていて思うのは、彼女たちには共通のキーワードがあるということだ。今回も「社員のため」と「恩返し」という言葉が出てきた。損得だけで言ってしまえば、会社をやめても豊かに暮らせるだけの資産を持っている跡取り娘たち。しかし彼女たちの人間性の中に見え隠れするのは、今どきの地位ある人々ですら失ってしまった「ノーブレスオブリージュ」という感性なのかもしれない。

（写真：山田愼二）

出版社から築地の魚河岸の足元の守り手に

長靴専門店5代目

伊藤ウロコ　専務取締役

伊藤嘉奈子《いとうかなこ》さん

東京生まれ、文化学院卒。伊藤ウロコ3代目社長、伊藤綱《こう》太良《たろう》氏の長女。出版社、広告代理店勤務の後、2000年に伊藤ウロコに入社。現在は専務取締役で、4代目の母に続き5代目修業中。また築地商業協同組合では事業部理事を務め、同組合（魚がし横丁）広報企画室では制作、進行を担当する

食のプロたちの街、魚河岸の名で呼ばれる東京都中央卸売市場築地市場も2000年の都営地下鉄大江戸線開通以来、ずいぶん様変わりした。かつては素人には敷居の高かった場内も、今では細い通路には、人気のすし屋などに並ぶ人でいっぱいだ。

のんびり歩く観光客の群れをひらりとかわしながら、早足で歩く河岸の男たちの姿は、なんとも粋である。観光客と食のプロフェッショナルが交錯する独特の活気ある光景は、築地市場移転後にはどこにいくのだろうか？

……1人の男性がある店の中に入っていく。店の看板には「伊藤ウロコ」とあるが、小さな店内は天井までゴム長でいっぱいだ。何足か試し履きをして、店を出る時の足元は、もう新品のゴム長になっている。その間はわずか10分ほどだろうか。

「ありがとうございました！」と笑顔で見送るのが、今回の跡取り娘、築地市場の場内で唯一の長靴専門店、伊藤ウロコの5代目、伊藤嘉奈子さんである。

「大抵のお客さんは、その場で履き替えていくんですよ。古いのはうちで預かって捨てます。事業ゴミになるので、捨てるのも結構お金がかかりますからね」

伊藤さんの足元も、もちろんゴム長。逆三角形のウロコマークのついた、伊藤ウロコオリジナルの「ウロコ印 白底付大長《しろぞこつきだいなが》」、愛称「白ウロコ」だ。塩化ビニールではなく、天然ゴムでできたオリジナル商品は、滑りにくく、魚などの油汚れにも強く、ムレにくいのが売りだ。

持ってみると、しっかりと重い。踵が2~3センチあるからだ。「踵が厚いでしょう？　2~3センチの高さが一番疲れないし、底冷えもしにくいし、歩きやすいと思います。河岸はハードな仕事場。河岸のプロたちが安心して履けるゴム長を作ってきました」

道行く河岸の男たちを見ていると、ウロコ印のゴム長を履いている人がかなり多い。河岸のファッションは「河岸着」と呼ばれるが、足元はゴム長。「一時は、ウロコを履いてなきゃ、築地のモグリと言われた時期もあったんですよ」。1950年頃、ウロコ印のゴム長は、築地では7割のシェアを持っていたという。

伊藤ウロコの創業は、明治初期に遡る。下駄や草履を扱う下駄商だったが、2代目である伊藤さんの祖父が、足が濡れないように歯を高くして工夫した「板割り草履」を考案した。

その魚河岸は日本橋にあり、伊藤家は昔から魚河岸の男たちの足元を守ってきたのだ。明治後半になると米国からゴムが入ってきた。2代目は1910（明治43）年に下駄商から転じて、「伊藤ゴム」を設立し、米国から輸入した天然ゴムを使ったゴム長靴の商品開発に着手する。滑りにくく、長持ちするゴム長を作るために創意工夫を重ねたそうだ。

その祖父が昭和になって、ウロコマークのゴム長専門店「伊藤ウロコ」を設立。試行錯誤の結果、独自のゴムの配合に成功し、形にこだわった魚河岸のプロのためのゴム長はオリジナルの人気商品となる。3代目となった父がその店を継いで「ウロコ印」を商標登録し、さらに「河岸のプロ用の店」という特色を極めていった。ゴム長から「河岸着」、厨房用の白衣まで、何でも揃う店にしようというのが伊藤さんの父のポリシーだったという。

約100年続く伊藤ウロコの長女として生まれた伊藤さんだが、家業を継ぐことなど全く考えていなかった。父の希望で私立のミッション系女子校に入ったが、「どうも性に合わなくて、初等科卒業後は公立の学校に替わりました」と言う。

大学を卒業し、就職したのは80年代のバブル時代。父が、知り合いの弁護士事務所に就職するという「お嬢様コース」を用意してくれたが、反発して、興味のあった出版関係の仕事に就いた。「書籍や雑誌などを作る仕事をしていましたが、出版業は時間があってないような仕事。父は朝4時に築地に出勤するので、昼の1時には帰宅して5時に食事をし、7時にはもう寝ている。一方で私は、仕事が終わって夜の11時過ぎに帰宅してお風呂に入っていると、父から『うるさい！　何時だと思ってるんだ！』と怒鳴られました」

「今考えれば当たり前ですよねぇ」と伊藤さんは笑う。思えば、父がせっかく敷いてくれた「お嬢様路線」をはみ出し、〝ヤクザな出版業〟に身を投じた娘を、父親はハラハラしながら見守っていたのだろう。

「食事の時に灰皿が飛んできたこともあるし、竹刀を持って追いかけられたこともありました」

しかし、伊藤さん親子は決して仲が悪かったわけではない。父は築地生まれの銀座育ちで、高下

伊藤ウロコの天然ゴム長は三角のウロコマークが目印

魚河岸ファッション。河岸の男たちの足元はゴム長

駄を履いて明治大学に通った人。ドイツやソビエトが好きでよく旅行をしていて、見識も広く、小学校の頃、自宅にドイツの知り合いのお嬢さんをホームステイさせていたこともある。

「父はインテリで、江戸っ子でおしゃれ。いつも『本当にいい物を身に着けなさい、何事も自分の目で見て判断しなさい』と教えてくれました」、そう父を語る伊藤さんの口調は、ほとんど〝憧れの人〟を語るようだ。「実はかなりファザコンなんですよ」と照れくさそうに言う。

しかし、その父親が1997年に急逝する。心不全で、あっという間の出来事だった。

「会社に知らせが来て、すぐに病院に電話しました。一時、医療関係の仕事をしていたこともあるので、電話に出た病院の人の口調で『ああ、助からなかったんだ』とわかりました」

父が海外で具合が悪くなると、伊藤さん自身もおなかが痛くなったというほど、シンクロしていた父娘の間柄だった。「これは何かの間違いだ」と願いながらも、父がすでに帰らぬ人となったのを、伊藤さんの直感が告げていた。

突然の父の死、母が4代目を継ぐことに

社長である父の突然の死で、伊藤ウロコは母親が4代目として切り盛りすることになる。弟はいたが、医学の道を進んでいた。しかし、魚河岸は男の世界である。しっかりものの番頭さんがいる

とはいえ、いきなり4代目社長となった母には、大きな負担がかかってきた。

「母の大変さはひしひし感じていても、お互い妙に照れてしまい、労うことができない親子でした。私にできることは、週のうち何日かでも早朝から店を手伝いに行き、7時半に会社に出社するという、バイトとしての働き方でした。夜は必ず11時前には寝て、土曜日は店の手伝い。そんな生活をしていましたが、1年ぐらいが限界でした」

父の死の直後に比べれば店も落ち着いてきたが、店の仕事に関わることで、さまざまな事情も見えてくる。

当時は量販店の塩化ビニール製の安い長靴が出回り、伊藤ウロコの天然ゴムのゴム長は、商売としては下向きになっていた。また不況で水産会社の業績が悪化すると、それまでは支給品だったゴム長を自前で買わねばならなくなり、安い量産品を履き捨てる人が増えた。河岸のプロだけを相手に商売をするのは、難しい時代となっていた。

ついに2000年、伊藤さんは勤めていた会社を辞め、伊藤ウロコの正社員として家業に入ることになった。ちょうど大江戸線築地市場駅が開通し、観光客がどっと築地に押し寄せるようになった時期である。

観光客が来るようになった河岸で、伊藤さんの母は観光客向けのTシャツなどの土産グッズを扱い、カラフルなビニール製のゴム長も仕入れるようになる。

「脂のってます！」「旨い魚、喰いてえよな」といった威勢のいいセリフをプリントしたオリジナルのＴシャツも扱っているが、これらのコピーはマスコミに勤めた経験のある伊藤さんの作品だ。

「でも本当を言うと、Ｔシャツなどはあまり売りたくなかったのです」

あくまで祖父や父の残した天然ゴムのゴム長にこだわりたいという跡取り娘の矜持は、経営者である母としばしばぶつかることになった。

「母が経営者になったことで、父の代とは方針が変わってしまった。この時期を乗り切るために、しかたないのはわかるのです。でも母も私も、気が強い者同士。喧嘩をした時につい、『私が家業を継ぐから』と言ってしまった。後になって、失敗したかなぁ、と思うこともありますが……」

父は勉強家で、製品についての研究をよくしていた。その後ろ姿を見て育った娘としては、このままゴム長の事業がジリ貧になるのを見ていられない。

「父やじいちゃんの残したものを、なぜ引き継げないのか。何とかしなくちゃ」

負けず嫌いの伊藤さんは自分の体で確かめようと、ゴム長をとことん履くことにした。学校もないし、工場で修業するわけにもいかない。自分の体で勉強するしかないのだ。

小さい頃からものづくりが好きで、本や雑誌を編集していた頃も、実際にいろいろな紙を手で触って選んだりしていた。

「出版や広告代理店の経験を経てきたことは、無駄ではなかったと思います。例えば広告代理店でクライアントのキャッチコピーを書く時も、『このお客様の〝売り〟はなんだろう』と必ず考える。同じように、「伊藤ウロコ」の〝売り〟である1本の柱を立てなくてはいけない、と思いました。『何でもあります』では、今は良くてもいずれ大手に負けてしまう。自信を持って安定供給できる〝売り〟を作らないといけません」

祖父や父の代からの「定番商品」はすでにある。その良いところを残して、もっと時代に合った、使う人のニーズに寄り添うような商品はできないだろうか？

商品へのこだわりは、祖父や父譲り……。その日から、商品開発に懸ける跡取り娘の試行錯誤が始まった。

商品開発に向けて伊藤さんが着目したのは、伝統を引き継ぐゴム長靴という製品を、今の時代の築地にフィットしたものにすることだった。「まずはサイズ展開です。多くの人に履いてほしいので、お客様の声を聞きました。十文半（25・0センチ）という標準サイズから、29～30センチまで幅広いサイズの商品を揃えました」と伊藤さんは言う。

もともとウロコ印の長靴はやや細身で格好がいい。しかし体格のいい今の男性からは、「俺は足が太くて入らないんだよ」と言われることもある。こういう声を聞くと、デザインを損なわないように「太型」「極太」のサイズも作った。

かつてはぬかるみを歩いたゴム長が、今はコンクリートの上を歩く。脂にも強い素材でないといけないので、当然ゴムの配合も以前とは違ったものになる。マグロの競りの現場で使えるように、先に芯を入れてつま先を保護する「安全大長」も工夫した。

「祖父の時代のゴム長は、1種類か2種類でもよかった。でも今は、それだけではやっていけない。『なぜ俺のサイズがないの？』と言われれば、それを解決していくしかないんです」

幸いにもゴム長の開発をしている時、協力者たちに巡り合えた。しかし、すべてを人任せにできない伊藤さんの性分は昔から。技術者やお客の生の声を自ら聞き、自分で動くのが跡取り娘のやり方だ。伊藤さんが意見を言うと、「それじゃあ、工程に無理がある」と、製造担当からダメ出しが出ることもある。ゴム長の屈曲テストは、伊藤さん自ら何度も履いてみて、工夫を重ねた。

特に、衛生管理対策が厳しくなってきた現状に合わせて開発した白のゴム長には苦労した。「ビニール製の白ではなく、ゴムでいいものを作りたい」。しかし、コストが高くつく。

だが「白のゴム長はいつか作らなければと思っていたし、白が欲しいという相談も受けていたので、思い切って生産に踏み切りました」と伊藤さん。幸い市場の大卸の会社が「うちは全部白にする」と一括注文してくれたので、今は受注生産をしていると言う。

長年の黒だけのゴム長の歴史に、新たな「色」が加わったのだ。「結局私は、父や祖父の通った道を通っているのです。より良いものを作っていく過程は、これまでと同じです。いいものにこだわりたい。でもそれがすぐに売り上げにつながらず、採算が取れないこともある。でもいいものじゃないと、安心して売れないんです」、そう語る伊藤さんの目はとても真剣だ。

「父の遺したものを引き継いで、さらにプラスアルファをつける。父の息吹を長靴に閉じ込めて、これからも生かしていくんだ」、そんな思いで、突き進んできた。

今では経営を一手に引き受けている母には、「開発の方を私に任せてもらえて、本当によかった」と感謝している。しかし、ある程度商品のラインアップが揃うと今度は、「採算は合うのだろうか」と不安が押し寄せる。

「これまでは、水産関係の中だけの商売で食べていけました。チラシもカタログも作らないのが、長年のやり方だったのです。しかし今や、それだけではダメな時代だと思っています」

出版業界にいた経験を生かして、チラシを作った。創業時のウロコ印の由来から始まり、手作りの天然ゴム長の特色、品種などが分かりやすく説明してある。河岸用に開発した、脂に強いゴム長であること、特殊素材で〝ムレにくい〟長靴であること、速乾、抗菌、防臭加工がしてあること、天然ゴムは環境にも足にも優しく、冬でも硬くならないことなど……。

緑色の小さなパンフレットには、歴史ある自社製品への誇りと思いが詰まっている。

「場内だけでなく地方や水産業界でない方にも、ウロコ印のよさを理解していただきたいんです。パンフレットがあれば、地方に行った時にも紹介しやすい。最初母は、コストがかかってもったいないと反対しました。でも、これだけは、と押し切ったんです」

パンフレットは商品の付加価値を強調するには必要なツールだ。伊藤ウロコのウェブサイトも作成し、「五代目のつぶやき」というブログも始めた。既にウロコ印がブランド価値を持っている河岸の中の商売から、外に展開するためだ。

「今は、うちのゴム長をバードウォッチャーの方にも買っていただいています。出版の仕事をしていた時に取材したバードウォッチングの会の方に、うちの店を紹介したのがきっかけでした」

天然ゴムは環境に優しく、足音が静かなのでバードウォッチングには最適なのだ。また塩化ビニールの靴に比べて沼地でも脱げにくいという評価をもらった。

米国のアウトドア商品をよく利用する人にも、「このゴム長は、実に丈夫だね」と驚かれるそうだ。考えてみれば、市場での耐久性を長年追求してきた商品なのだから当然かもしれない。「これなら、アウトドア商品としても売れる！」、新しい切り口が見えた瞬間だった。

「口コミで、釣りをする方も買っていかれます。前の仕事の時に『いつもアンテナを張っていなさい』と言われたのはこういうことだったのだと、今になって実感しています」

ウロコ印のゴム長は、ロハスを追求する雑誌『ソトコト』にも紹介された。

「築地ブランドとして、『井の中の蛙』にならないように、機会があれば様々な展示会に足を運んでいます」と伊藤さんは言う。「それこそ、お菓子など食品の展示会まで…。第一線の企業のやり方に学ぶ、いい機会です」

数年前から、オリジナルキティちゃんグッズを作ることもできた。市場のイベントで縁ができたサンリオに話を持ちかけたのだ。キティちゃんがウロコ印の長靴を履いてターレット（運搬車）に乗るデザインのTシャツやシャープペンなどは、伊藤ウロコでしか買えないオリジナル。コレクターにはたまらない商品である。

実はここ最近、女性たちの間では長靴がブームである。グッチやシャネルなどが出すおしゃれな長靴が人気を呼んでいるのだ。伊藤ウロコも日本が誇る長靴ブランドなのだから、一般向けのおしゃれな長靴を出したりしないのか？ そう尋ねると、伊藤さんは首を横に振った。

「ブームに乗って一般向けの商品を作ることは考えていません。あくまで、作業履きとしてのプロユースの商品にこだわっていきたい。市場で生きてきた歴史、市場の男たちの足元を守ってきた先代からの思いを受け継いでいきたいのです」

伊藤さんのその気持ちに、揺るぎはない。しかし経営者として母の跡を継ぐことを考えると、実は迷いも不安もある。

「やっぱりここは、男が生きる街なんですね。女性経営者である母は、本当に大変だと思います。私自身は、ものづくりは大好きだし、市場の伝統も空気も好き。でも、築地の商人としてもやっていかなくては、と思うと……」

跡取りの若旦那たちが父親とケンカしながらも商人として成長していくのを見ると、羨ましいと思う。伊藤さんの場合は、店で父と一緒に働く機会はなかったのだ。「番頭さんもお客さんも優しいし、大事にしてくれます。でも男は、叩かれながら成長していく。30代、40代はまだ〝ひよっ子〟扱いです。でも、この世界は、若いうちから上の世代と一緒にやっていかないとあとが続かない。〝跡取り息子〟たちの爪の垢を煎じて飲みたいぐらいです」と伊藤さんは言う。

男女雇用機会均等法も、この街にはまだ無縁だ。マグロの卸問屋にも女性の跡取りが若干いるが、珍しい存在だ。同じ女性でも、「市場にお嫁に来た女将さん」というポジションとも違う。男性と違い、体力的にも壁を感じることもある。

最初店で仕事を始めた頃は「いまだに江戸時代みたいな街だ」と驚いた。

「女性用トイレも最近できたばかりだし、着替える場所もない。こんなところで男と同じようにやっていけるのか、と悩みました。でも、男になることはできないし、〝男まさり〟でやるというのも違うと思うのです」

「男たちがつくってきた市場の伝統に惚れ込んでいる」という伊藤さんは、そこに無理やり「男性と対等に……」と割り込んでいくつもりはない。

「商人の目を持ちながら女性であることも生かして、市場で生きていく。そのバランスを今、模索しているところです」

伊藤さんはここでも、女性の跡取りとしての自分の〝売り〟とは何かを考えている。市場の中で、女性ならではの〝特権〟があることには本当に感謝している。その代わり自分の強みを生かして、皆の役に立っていかなくてはいけない。

「私がお店に立つようになったことで、女性のお客さんが増えました。女性には、『私のサイズではこのぐらい』とアドバイスできる。商品のことに関してはプロとして男性にも負けたくないけれど、女性らしい柔らかな応対ができるように気をつけています」

また、伊藤ウロコのTシャツを着てアピールするためにも、体型にも気をつけているという。

「女性を生かせる部分は、できるだけ生かしていきたいと思うのです」

店の仕事以外でも広報や出版の経験が役立っているのは、築地商業協同組合（魚がし横丁）の広報としての仕事だ。市場は寄り合い所帯。1軒の店だけが栄えればいいというものでもない。

「魚がし横丁のロゴマークを前面に出して、観光客向けに『魚がし横丁大図鑑』というマップやお祭りのポスター作成、イベント開催のお手伝いなどをしています。『初の組合女性理事』と肩書きだけで注目されるのを重荷に感じていたんですが、やっと自分が役に立てる場所、立ち位置を見つけられたんです」

昔気質の男たちの街で生きていくために、跡取り娘は、まさに今修業中なのだ。最後に伊藤さんは自慢の人気Tシャツ「番地Tシャツ」を見せてくれた。「築地五丁目2番1号」と、今の築地市場の番地が書いてある。

築地も移転を控え、いずれは様相を変えていく。伊藤さんのような女性の跡取りが出てくるのも、変化の兆しの1つだろう。しかし〝変わらないもの〟を一番いとおしんでいるのも、実は当の跡取り娘である伊藤さんなのかもしれないと、Tシャツを見ながらふと思った。

（写真：山田愼二）

最後に

いかがでしたか。跡取り娘の経営学、「跡取り娘力」、ご堪能いただけましたでしょうか。

親の代から「老舗の看板」というブランドを受け継ぎながら、新しい発想を柔軟にとりいれる。ブランドイメージを維持しつつ、時代に即した商品やサービスを展開していく……。大手企業でも苦労する、ブランドの維持発展を、彼女たちは軽やかに、実践しています。

最後に、この跡取り娘力、もう少し因数分解してご説明しておきましょう。

1.跡取り娘のバブル力

取材した跡取り娘たちは、1960年代生まれから1970年代前半生まれ。いわゆる「バブル世代」がメインです。さらに男女雇用機会均等法第一世代（1986年試行）でもあり、女性たちの「生き方の選択肢」が一気に広がった世代です。

そんな彼女たちの「バブル」経験が、実は跡取り力のひとつとなっています。時代を物語るように、海外MBA留学、バブル期のイケイケOL、外資系金融、マスコミ、DJなど、跡取り娘たちのキャリアは実に多彩。銀座の呉服屋伊勢由の千谷美恵さん、醤油屋17代目の岡田佳苗さん、盆栽家5代目の山田香織さんのように、海外経験や外資系で、肌身で国際感覚を養い、「古臭い」と思っていた自分の家業、伝統産業の希少性、受け継いだ「宝物」に気がついて、家業に戻る決意をする人も珍しくありません。これは「負け犬世代」の女性たちが20代に旅行三昧でヨーロッパ文化の洗礼を受けたのち、30代後半に「和」に回帰するケースと呼応しています。

さらに、「お嬢さん」の彼女たちの多くは、バブル時代にさんざん「遊び」を経験しています。パンの浅野屋三代目、浅野まきさんや、「時の宿すみれ」の黄木綾子さんのように、そこで、広い人脈や、消費を通じて時代を捉えるマーケティング力を知らず知らずのうちに身につけています。育ちのよさから、どこに行っても物怖じしない娘たちは、業種や年齢など、男性たちを隔てる壁をポンと飛び越えてしまう。跡取りなど考えることもなく、「お気楽」だった時代に培った感性や人脈が、今の受け継いだ家業を思わぬ展開に導き、家業を守る上で大きな力を発揮しているわけです。

またバブル世代の跡取り娘たちはとにかくポジティブで元気がいい。

日本に大きな傷の残したことで批判的に語られることも多いバブル景気ですが、一方で、「自殺者や倒産件数が四半世紀で最も少なく、日本人のメンタリティーも絶好調だった」（ホイチョイプロダクションズ代表馬場康夫氏　日経新聞　２００７年3月5日より）ともいいます。日本の未来に希望を持てた最後の世代だけに、赤字会社であろうが、斜陽産業を継ごうが、とにかく前向き。その前向きさに引きずられ、ホッピーの石渡美奈さんや、メッキ業3代目　日本電鍍工業の伊藤麻美さんのケースのように、社員一丸となってV字回復を果たした企業もあります。

2. 跡取り娘のわがまま力

跡取り娘は、いずれもお嬢様。時にわがままです。ところがこの「わがまま」、ブランドビジネスの継承する人間には必須のキャラクターなのです。

「時の宿　すみれ」の経営者、黄木綾子さんにこう質問したことがあります。

「すみれでは、浴衣と、パンツと上着が分かれている部屋着の二種類が用意されていますよね？どうしてなんですか？」

黄木さんはあっさりと

「ああ、それは私が浴衣では眠れないからです」

ホテルや温泉旅館の浴衣で寝ると、朝起きたときにあられもない姿になっていたという人は多いはず。浴衣で寝るのが苦手という人、特に女性は、一泊の旅行なのにわざわざパジャマを持参する人もいるぐらいです。ただ、温泉であるから浴衣は着たい。その両方の気持ちを汲み取ってくれる、なんて贅沢な宿だろう……とうれしくなってしまいました。

跡取り娘経営者は、「自分がこうしたいから」「自分がこれが好きだから」「こんな商品があればいいなあ」という強烈な「わがまま」が核となっている人が多いのです。

跡取りだけでなく、女性の起業家などの取材を多くしていると、男性の起業と女性の起業は明らかに違うと思う点、それがこの「わがまま力」です。

資金調達などの戦略を重視する男性に比べ、女性たちは「やりたい!」という強い思いで、とにかく始めてしまう。通販下着大手のピーチジョンを立ち上げた野口美佳さんが「こんな下着がほしい」という思いから始めて大成功を収めたように、嗜好性の強いビジネスに女性経営者は向いています。

なぜでしょうか。それは、自分自身がやりたいビジネスにとってまず一番の消費者であり、そんな消費者としての自分の「わがまま」に経営者としての自分がどう答えていくか、ということを誰よりも真剣にやるからです。

嗜好性の高いブランドビジネスにおいて、こうした「自分マーケティング」を突き詰めることは、成功の第一条件です。

フランス菓子の奥深さに引かれるままパリに留学し、家業の喫茶店を名古屋の有名パティスリーにまで育てたカフェタナカ2代目の田中千尋さんはじめ、親の代からのビジネスをただ継ぐだけでなく、自分の「わがまま」に忠実で、それを理想的なかたちで具現化しようとする跡取り娘たち。その「わがまま」力こそが、ブランドの跡取りにおいては必須の能力というわけです。

3.跡取り娘のコミュニケーション力

跡取り娘の3番目の力、それは卓越したコミュニケーション力です。

跡取り娘たちの父親たちは、基本的にカリスマ型の経営者で強力なリーダーシップでひっぱるタイプか、すでに2代目、3代目のボンボンタイプ。

そして、跡取りが息子の場合、そんな父親に対抗しようとして、失敗するケースが実に多い。社内に自分を子供のころから知っている取締役や「番頭さん」(この取材を始めて、彼女たちが当たり前のように「番頭さん」という言葉を使うのを聞いて新鮮な驚きを感じました。普通に「番頭さん」が存在している……それが跡取りの世界なのです)など、年上の男性社員がたくさんいるからです。

跡取り息子は、自分の代になったら、ああしよう、こうしようと改革の野望に燃えている人ほど、「先代」からのスタッフが「目の上のたんこぶ」で、目障りで仕方がないようで。当然対立もあるし、父親へのライバル心から、さらに強力なリーダーシップを発揮しようと焦って、うまく家業に着地できないケースも多々あります。あの再生温泉事業で有名な星野リゾートの代表星野佳路さんですら、米国流のホテル経営をひっさげ意気揚々と家業に戻ったものの、社員がついてきてくれずに一度は失敗しているくらいなのです。

ところが、跡取り娘たちはそんな間違いを犯しません。

父親とは性別もキャラクターも違います。周囲からも、父親のようなやり方は最初から期待されていません。そもそも彼女たち自身に「父親を超えたい」という葛藤がない。

跡取り娘たちは女性リーダーらしく、協調型のリーダーシップをとる人が多いのです。これまでの会社の経営方針を踏襲しつつ、新しい方向性を無理なく融合させる。風通しをよくし、コミュニケーションに気を配り、上から引っ張るのではなく、下から支えて押し上げていくような細やかなリーダーシップ。「叱る」「厳しく鍛える」よりも「褒めてのばす」、母性型で社員を成長させていくわけです。

「銀座あけぼの」3代目の細野佳代さんは、全店舗の接客をする社員と「ノート」の交換をしています。最前線にいる社員たちが拾うお客様の声を漏らさず聞くためで、「ノート」には必ず一言添えて返すというのです。これを全店舗300人とやり取りしているのだから、頭が下がります。パンの浅野屋の浅野まきさんは「メーラーです」と自称するほど、社員にメールを送りまくります。街角や雑誌の中、国内でもヨーロッパでもどこでも、気になるものを見つけたらパシャと写メを撮り、メールに添付して送るのです。ホッピービバレッジの石渡美奈さんもボイスメールを活用しています。

ただし、決して和をとりもつだけが彼女たちの仕事ではありません。経営者として自分の要求を通そうとするとき、いったいどんな手段に出るのか？　おもしろいことに「しつこく言い続ける」という人が多かったのです。業績目標などで自分の満足いく水準がでないときは、カリスマ経営者の父親なら「やれ！」と命令するのでしょうが、跡取り娘は違います。「こうしたら、どう？」「こうやったら、もうちょっと売り上げがあがるんじゃない？」と、ずっと言い続ける。すると、だんだん目標に近づいてくるのだといいます。

年上に気を使い、下を盛りたて、協調性を発揮して社内をまとめる跡取り娘たち。浅野屋の浅野まきさんのように、時には父親と社員の間の緩衝材にもなります。築地の河岸や石油業界のようにまだまだ周囲が男社会の場合、対鶴館亀岡幸子さんやゴム長専門店伊藤嘉奈子さんは、女性らしい気配りで、自分の立ち位置をうまく見つけています。こまめなコミュニケーションで、男社会と折り合い、社員たちの心を動かし、業績アップを図る彼女たちのコミュニケーション術は、なかなかしたたかなのです。

4．跡取り娘の「ムダ」力

ブランドビジネスとしての家業を継承するうえで、必須な能力、それは「ムダ」力です。日本型経営からアメリカ型経営への転換が進むと、ファイナンシャル上ムダや遊びはカットされるべきものとなります。今の時代の経営者は経営効率をまず考える。でないと株主から突き上げられるからです。ファイナンシャル戦略に優れた「プロの社長」を外部から招くのも時代の流れです。しかし、ブランドの構築にあたっては、プロ経営者が排除しがちな「ムダ」や「遊び」こそが、大きな付加価値を生むことがあるのです。

跡取り娘たちが強みを発揮するのは、伝統の和菓子、着物、天然醸造の醤油や、酒、飲料など、嗜好性の強いビジネスが多い。いずれも不要不急のものばかり。この不要不急のものを「わざわざ」手にとってもらい、高いお金を出して買ってもらい、ファンになってもらうには、何か強力な付加価値が必要です。そして、そんな付加価値は、ファイナンス面だけからみた効率経営からは決して生まれないのです。

以前資生堂の福原義春名誉会長をインタビューしたとき、企業人でありながら、文化にも深い造詣を持つ企業文化人である彼の言葉に感銘を受けました。しかし福原家の歴史をたどると、必ずしも一族みんなが優秀な経営者だったわけではありません。

「子供のころ叔父のサロンに遊びに来ていた芸術家たちに刺激を受けた」と福原会長はおっしゃいますが、叔父とは文化人のパトロネスで高等遊民であったそう。そんな「ムダな遊び人」たちが、実は福原家＝資生堂の力となり、何代にもわたる一族の「ムダ」という優雅が内包されることで、資生堂は世界に誇れるブランドとなったのではないでしょうか。

跡取り娘たちが継ぐのは「家業」というブランドです。

跡取りだの事業継承など夢にも思わず、回り道したことも、バブル時に遊んだことも、海外に出たことも、すべて家業の糧になって当たり前なのかもしれません。

跡取り娘たちの家業は日本の「伝統文化」を継承するビジネスが多い。銀座の呉服屋は有名な店でもどんどん廃業するところが増えています。呉服自体が斜陽産業なのです。しかし呉服を売る店がなくなってしまえば、当然職人たちも仕事に困ります。仕事にならなければ、貴重な染織の技術も絶えてしまいます。老舗の呉服屋、伊勢由の千谷美恵さんは「失われた伝統技術はもう取り返せない」ことをよくわかっています。あえて彼女がこの世界に飛び込んだのはお金だけのことではない。伝統文化の守り手が必要だからなのです。

また醤油屋かめびしの岡田佳苗さんに聞いて驚いたことがあります。かめびし醤油が使っている杉桶は「100年のリサイクル商品」。杉桶は最初に酒屋が使い、100年たったら醤油屋、さらに100年たったら味噌屋に払い下げられるといいます。いまや桶を作る職人も減り、酒屋の醸造タンクはホーローなどにとって代わっています。効率、採算性を考えると、杉桶は切り捨てられてしまうムダなのかもしれません。

長野県の桝一市村酒造場のアメリカ人取締役セーラ・マリ・カミングスさんの呼びかけで、桶の文化を後世に伝えて行こうと「木桶仕込保存会」が設立されたそうです。古くからある日本式エコの循環が失われようとしている。水際にたって守ろうとしているのは、跡取り娘と外国人女性なのです。

跡取り娘たちは「ムダ」の尊さを知っているのです。

5.跡取り娘の姉妹力、婿取り力

跡取り、という言葉で連想するのが、いわゆる「跡目争い」。誰が親の仕事を継ぐかで、兄弟で骨肉の争いになるケース、よく聞きます。

けれども、跡取りが「娘」の場合、そもそも自分が「跡を継ぐ」という意識が希薄だった方が多いせいか、跡の継ぎ方も柔軟です。

たとえば、姉妹で継ぐ。

ひとりで家を継ぐのではなく、姉妹仲良く手を取り合って、事業継承に邁進する。そんな「姉妹力」を見せつけてくれるケース、それが本書に登場するカフェタナカ2代目の田中千尋さん、かめ

び し17代目の岡田佳苗さん、丹山酒造の長谷川渚さんたち。みなさん姉妹で家業を継いでいます。

たとえば、嫁いでも継ぐ。

かつてならば、他家に嫁いでしまう娘が、家業を継ぐことなどありえませんでした。けれども、結婚しても仕事を続けるのが当たり前の世の中となれば、あえて家業を辞める必要はありません。遠隔地にお嫁にいってしまった場合でも、ITの時代、コミュニケーションは容易です。京都の長谷川渚さんの姉の中村万里子さんは結婚して東京に暮らしていますが、丹山酒造「東京営業所」として、見事に家業を継いでいます。

たとえば婿を取っても継ぐ。

これまでの老舗は、子どもに男がいない場合、娘婿を跡継ぎに選ぶケースが多々ありました。最近、芳しくない話題で注目された吉兆が典型です。吉兆の創業者は1男4女に恵まれ、娘には料理人の婿をとらせ、5つにのれん分けしました。「娘や息子は選べないが婿は選べる」とよく言われますが、老舗にとって「できの悪い跡取り息子や娘」よりも「優秀な婿」を迎えることが、家業の繁栄のカギだった時代もあるわけです。

けれども時代は変わりました。今や「この人が跡取りとして優秀だから結婚しなさい」と親がいっても、素直に「はい」というような娘はまずいません。実際、取材した跡取り娘で、「将来の社長候補と結婚するように」というプレッシャーがあった人は誰もいませんでした。

恋愛結婚した「娘婿」が経営者向きとは限りませんし、そもそも家業に入ってくれる保障もありません。ヘッドハンターの友人に聞いた話ですが、最近の案件で多いのは中小企業からの「次期社長になる娘婿が頼りないので、サポートできるような人材がほしい」という依頼だそうです。恋愛結婚の時代、「優秀な娘婿」が家業を守り立てるという図式は難しくなっているのです。

さて、そこで登場するのが「跡取り娘」です。跡取り娘の結婚相手＝「お婿さん」は、最初は違う仕事についていていても結局妻をサポートするべく、家業に入ってくれる場合が多いのです。「銀座あけぼの」の細野さん、カフェタナカの田中さん、盆栽家の山田香織さん、すべて夫が後に妻のビジネスをサポートしています。しかも彼らは社長になるわけではなく、あくまで「妻」が上司という形。

跡取り息子の奥さんが家業で力を発揮するのは旅館や料亭ぐらいですが、跡取り娘の場合、強力に彼女をサポートしてくれる人材を「結婚」という形でよそからリクルートしてきてくれるのです。予期した結果でなくても、跡取り娘たちがけなげに家業を背負って立つ姿が、夫たちに「決意」をさせるのかもしれません。

6. 跡取り娘のよそ者力

跡取り娘の多くは、家業においても「よそ者」です。なぜでしょう。それはもちろん、もともと「跡継ぎ」と目されていなかったからです。けれども新時代に対応し、家業をサバイバルさせるには、彼女たちの「よそ者」力がものをいいます。

古い体質、経営陣、負の資産を抱えたまま経営危機に陥った企業の場合、外部から力を借りて再生するのは常套手段です。そのときに「よそ者」経営者の力が必要になります。「よそ者」だからこそ思いもよらない角度から新しい提案ができ、知らなかった企業の「資産」や「魅力」に気がつきます。同族企業の風通しの悪い体質に、一気に改革の風をいれることもあります。

そして、跡取り娘こそは、家業においてもっとも身近な「よそ者」なのです。

大胆な仮説をいってしまうと、今問題になっている老舗の偽造事件など「跡取り娘社長」の下では起こりにくいのではないでしょうか？

ホッピービバレッジは、私たちの取材の後、社内汚染が原因の不具合を出しています。間髪いれずに「自主回収だ！」と大号令を発したのは、跡取り娘石渡美奈さんの父親、社長でした。創業97年にして初の自主回収です。社内には誰も経験者がいず、石渡さんの経営の師匠、実践経営塾で多くの中小企業経営者を指導する小山昇さんの指導で乗り切ったと自著（『社長が変われば会社は変わる！』阪急コミュニケーションズ）に書いています。

元気な跡取り娘石渡さんが「跡取りになる！」と入社していなかったら、同社はこうした対応がとれたでしょうか？　石渡さんがホッピーに入ったときは、同族企業の変化を嫌う停滞した空気が蔓延した社内だったと聞いています。娘の指揮の下、大きな変革を遂げて再生したホッピーになった後だったからこそ、社長も「自主回収」という英断ができたのではないでしょうか？

よどんだ老舗の空気を入れ替えるには外部からの風が必要です。それはコンサルタントでなくてもいい。「跡取り娘」がいれば、彼女に任せればいいのです。

家を継ぐことに拘束されない娘たちは、家業を継ぐまで様々なバックグラウンドを経験し、まさに異文化を持ってきているとえます。これから先、「老舗の基盤を作るのは、『男女共同参画』の時代に跡を取った娘たち」という説も出てくるかもしれません。

7．跡取り娘の「品格」美人力

私が取材した「跡取り娘」は、「美人」ばかり。「美人でお金がある」となれば、鼻持ちならない女性を想像する人も多いかもしれません。私も取材前には「いずれ甘やかされたお嬢様で名ばかりの経営者に当たるかな」と勝手に予測を立てていました。けれども、どなたも「感じがいい」。そう、成功している跡取り娘は「品格」と「美」を兼ね備えているのです。

なぜでしょう。「跡取り娘」たちは、いわゆる「社長の娘」。金銭的にも豊かな環境で育っていますが、その一方で、中小企業経営者である親の背中を見て育っているからです。

跡取り娘が活躍するような会社は、概して親の代で経営危機にいちどならずも悩まされています。「会社を売ってしまえば楽になる」という誘惑もあるでしょうし、現に「買収」の話も持ち込まれたりしているケースもありました。しかし、親の背中を見て育ち、社員や職人と家族のように育ってきた彼女たちは、そんな誘惑を払いのけました。会社を売ってしまったら、長年一緒に働いてきた社員や職人、そしてお客さんはどうなるでしょう? 対鶴館ビル5代目亀岡幸子さんも、メッキ業の伊藤麻美さんも、「社員の顔が見えてきたら、もうやめられなくなってしまった」と語っています。

また親の背中を見て育った彼女たちは、親譲りの骨惜しみしない働き者です。祖父や父親の苦労や思いを目の当たりにし、それらを自然と受け継いでいるだけに、家業への「情熱」は、優秀な雇われ経営者では真似できないものです。

以上が跡取り娘力の秘密です。いかがでしたか?

跡取り娘たちの物語は、先へと急ぎがちなこの時代に、二代三代と時間をかけなければできないものを教えてくれます。そして日本が失おうとしている何か大切なものを見せてくれるのだと思います。

あとがき

ある跡取り娘からこんなメールをもらいました。


あたしは何かに迷った時、とても単純な考え方をします。

「神様だったら、どちらが良いとおっしゃるだろう？」

善悪に置き換えて、「善」を選ぶ。

「善」にはほとんど間違いはありません。

当然全部がこの考え方ではないですが、答えを導きやすいのです。


「善」を選ぶ……簡単そうで、なかなかできないことです。神様の声を聞きながらも、人間はつい目をつぶってしまいがちだからです。私はこのメールに感動して、ある女性経営者の友人に伝えました。しかし起業家であり、上場を目指す責務のある彼女は「でもね、1億ぐらいのビジネスならいいけれど、これでは10億まで会社は育たないわ」と言います。ゼロからビジネスを作っていく彼女にとって、跡取り娘たちは「恵まれた」「おっとりした」経営者に見えるのでしょう。

日本の女性経営者にも、いろいろな人がいて当たり前で、私はそのどちらも応援したい。でも自分がもし経営者だったらどちらのタイプかというと、やっぱり跡取り娘のほうなのです。

なぜ自分がこんなに跡取り娘たちの物語にこだわるのか？　ふと考えると、実は私もなりそこなった跡取り娘でした。実家は祖父の代からの医者で、私はあまりに数学ができなかったので、高2の時点で早々に跡取りを放棄したのです。今になれば本当にもったいないことをしたものだと思います。

今年のお正月、父と一緒に氏神様に詣でたとき、父はお札に「家内安全」を書いていました。私が「今年は本がでるんだから、商売繁盛も書いてよ」と冗談に言ったら、「それは自分で書きなさい。医者は商売繁盛というわけにいかんだろう」と父は言いました。今は医者でも経営経営と言われる時代ですが、私は父の言葉に「なるほど」と思いました。この話を友人にしたら、「それがあなたの原点なんだよ」と言われてはっとしました。

「拡大のため」「効率のため」と切り捨てられていくものを、大切にしながら、前に進んでいく……そんな果敢な跡取り娘たちの物語を、追わずにいられないのは、跡取り娘になりそこなった不詳の娘ですが、やはり私のＤＮＡがなせる業なのでしょう。
一緒に跡取り娘を求めて奔走してくれた日経ＢＰ社の大塚葉さん、柳瀬博一さん、山根美佳さん、カメラマンの方々、そして私に大切な物語を語ってくれた跡取り娘たちに感謝の意を表しつつ、このあとがきを結ばせていただきます。

２００８年３月　白河　桃子

本書は、『日経ビジネスオンライン』(http://business.nikkeibp.co.jp/index.html)に現在も連載中の「跡とり娘の経営戦略」(２００６年10月17日～)を加筆したものである。

■白河　桃子（しらかわ・とうこ）

東京生まれ。慶應義塾大学文学部卒業。少子化ジャーナリスト＆ライター。『AERA』『日経ビジネスアソシエ』『プレジデント』、ほか女性誌に未婚、晩婚、少子化や恋愛、女性インタビュー等の記事を執筆。「丸の内OLのための少子化講座」主宰。著書：『結婚したくてもできない男、結婚できてもしない女』（サンマーク出版）、『こんな男じゃ結婚できない』（光文社知恵の文庫）、『「キャリモテ」の時代』（日本経済新聞出版社）『婚活時代』山田昌弘共著（ディスカヴァー）。日経ビジネスオンラインに「跡取り娘の経営戦略」連載中。

跡取り娘の経営学

発行日　二〇〇八年三月三一日　初版一刷

著者●白河　桃子

発行者●黒沢　正俊

発行●日経BP社

発売●日経BP出版センター

郵便番号　一〇八－八六四六

東京都港区白金一－一七－三

電話　〇三－六八一一－八六五〇（編集）

〇三－六八一一－八二〇〇（販売）

http://ec.nikkeibp.co.jp/

装丁●インフォバーン・デザイン

DTP●クニメディア株式会社

印刷・製本●株式会社シナノ

Printed in Japan

ISBN 978-4-8222-4653-2 C0095